Couverture inférieure manquante

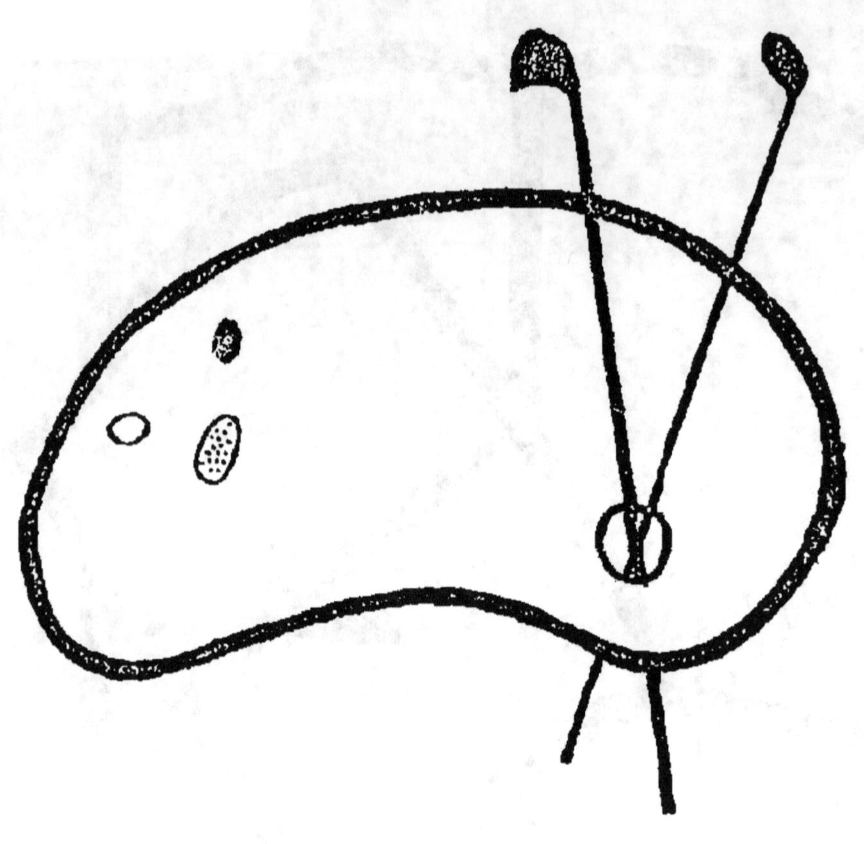

DEBUT D'UNE SERIE DE DOCUMENTS
EN COULEUR

GUIDE PRATIQUE

DU

CONTENTIEUX COMMERCIAL

 EN EUROPE

PAR

Un groupe d'avocats, de magistrats, de jurisconsultes

et de commerçants de tous les pays d'Europe

PARIS
—

Librairie de la Société du Recueil général des lois et des arrêts
ET DU JOURNAL DU PALAIS
Ancienne Maison L. LAROSE et FORCEL
22, *Rue Soufflot*, 22
L. LAROSE, Directeur de la Librairie
1899

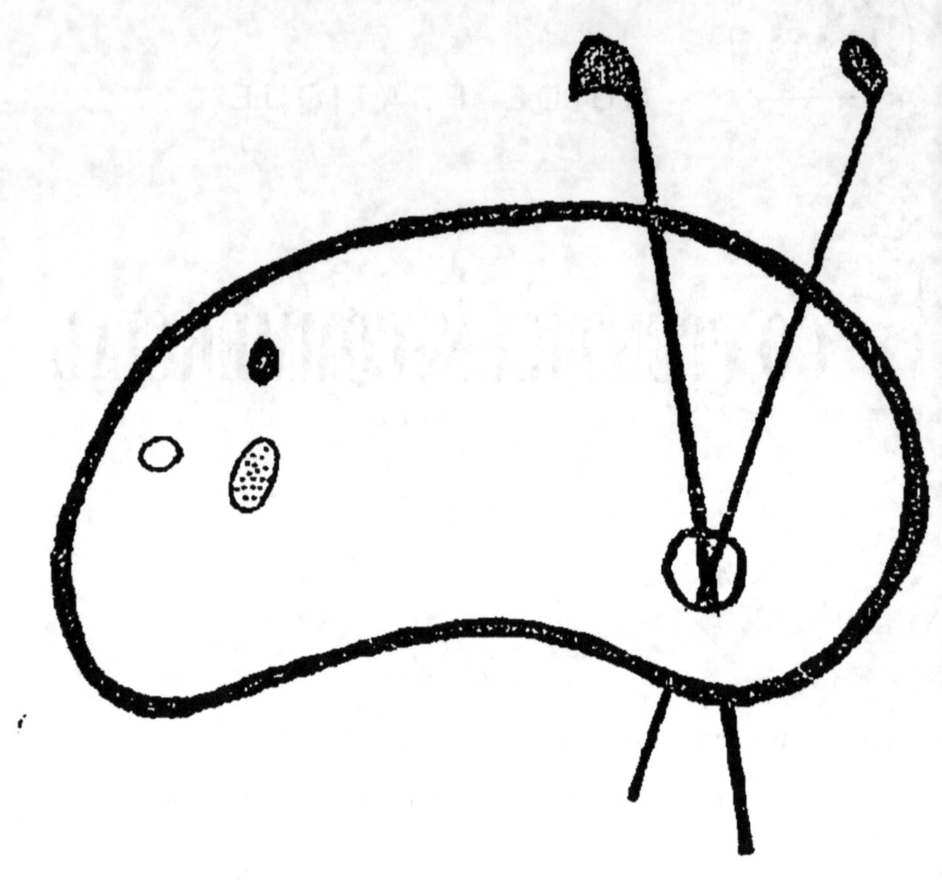

FIN D'UNE SERIE DE DOCUMENTS
EN COULEUR

6°F
10802

Les pages 57 à 54 ont été arrachées
Constaté le 12 nov. 1913

GUIDE PRATIQUE

DU

CONTENTIEUX COMMERCIAL

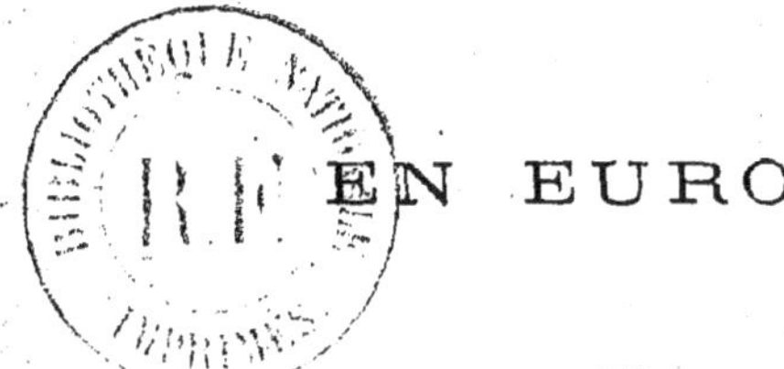

EN EUROPE

PAR

Un groupe d'avocats, de magistrats, de jurisconsultes
et de commerçants de tous les pays d'Europe

PARIS

—

Librairie de la Société du Recueil général des lois et des arrêts
ET DU JOURNAL DU PALAIS
Ancienne Maison L. LAROSE et FORCEL
22, Rue Soufflot, 22
L. LAROSE, Directeur de la Librairie
1899

PRÉFACE

Le *Guide Pratique du* Contentieux Commercial en Europe a pour but de renseigner les commerçants en général, mais surtout les commerçants français, sur les moyens les plus pratiques de recouvrer leurs créances dans les différents pays d'Europe.

Combien de fois un commerçant a-t-il abandonné une créance à l'étranger parce qu'il ignorait les lois et les habitudes du lieu, parce qu'il n'y connaissait aucun homme d'affaires sérieux, parce qu'il craignait d'être entraîné dans des frais de poursuites trop considérables.

Le *Guide pratique du* Contentieux Commercial en Europe contient :

1° Pour chaque pays d'Europe, une étude courte, mais substantielle, sur : l'organisation judiciaire, les droits particuliers et obligations des étrangers relativement au recouvrement des créances, la compétence des différents tribunaux, la procédure devant chaque juridiction, les frais du procès, le rôle des hommes d'affaires (avocats, avoués, agréés), l'exécution des jugements, les procurations pour divers mandataires, leur coût, etc. ;

2° Pour chaque pays d'Europe, une liste par villes, renfermant l'adresse des principaux hommes d'affaires ;

3° Quelques renseignements utiles sur les ambassades, consulats, etc., etc.

Cet ouvrage est des plus importants. Dû à la collaboration de plusieurs avocats, magistrats, jurisconsultes, de tous les pays d'Europe, il est absolument indispensable au commerce d'exportation et peut être très utile aux hommes d'affaires.

ALLEMAGNE

Droits et obligations du créancier Français en Allemagne

Le créancier étranger, qu'il habite ou non l'Allemagne, a les mêmes droits que le national pour le recouvrement de ses créances. Il a diverses obligations :

PREMIÈRE OBLIGATION. — Les étrangers *demandeurs* devant un tribunal allemand, doivent déposer une provision *trois fois* plus forte que les nationaux pour garantir les frais du procès.

Or, la provision simple est la suivante :

de	1 à	20 Mᵏ	....	1 Mᵏ	
»	20 à	60 »	....	2 »	40 pf.
»	60 à	120 »	....	4 »	60 pf.
»	120 à	200 »	....	7 »	50 pf.
»	200 à	300 »	....	11 »	
»	300 à	450 »	....	15 »	
»	450 à	650 »	....	20 »	
»	650 à	900 »	....	26 »	
»	900 à	1.200 »	....	32 »	
»	1.200 à	1.600 »	....	38 »	
»	1.600 à	2.100 »	....	44 »	
»	2.100 à	2.700 »	....	50 »	
»	2.700 à	3.400 »	....	56 »	
»	3.400 à	4.300 »	....	62 »	
»	4.300 à	5.400 »	....	68 »	
»	5.400 à	6.700 »	....	74 »	
»	6.700 à	8.200 »	....	81 »	
»	8.200 à	10.000 »	....	90 »	

et ainsi de suite à raison de 10 marks pour 2.000 marks.

Il n'y a aucune différence entre les créances civiles et commerciales.

Toutefois, l'étranger est dispensé du versement de la provision :

1º Si dans le pays auquel appartient le demandeur les Allemands sont dispensés de la caution *judicatum solvi*. D'où il résulte qu'en Allemagne les Français doivent verser la provision.

2º Dans les affaires relatives à des lettres de change, traites, billets à ordre.

3º Dans les demandes reconventionnelles.

En Allemagne, on ne peut remplacer le versement d'une provision, ni par la garantie d'une caution, ni par une constitution de gage.

Deuxième obligation. — L'étranger n'habitant pas l'Allemagne et n'ayant pas un fondé de pouvoirs pour soutenir son procès, doit élire un domicile en Allemagne, sans quoi les significations d'actes lui seront faites par la poste, ce qui peut présenter divers inconvénients.

Le Tribunal Allemand compétent

I. — Le Tribunal compétent au point de vue du lieu
(RATIONE LOCI)

Régulièrement le débiteur allemand doit être poursuivi devant la juridiction de son *domicile*, c'est-à-dire de son principal établissement ; à défaut, devant la juridiction de sa résidence actuelle ; à défaut encore, devant la juridiction de sa dernière résidence connue.

Cette règle souffre les exceptions suivantes :

1º Un Allemand peut être poursuivi devant la juridiction dans le ressort de laquelle l'engagement litigieux devait être accompli.

2º Les poursuites relatives à des traites ou lettres de change peuvent être faites aussi bien devant la juridiction du lieu de paiement de la traite que dans la juridiction du lieu où est domicilié le tiré ou l'un quelconque des endosseurs.

II. — Organisation des tribunaux

L'Allemagne possède :

Des justices de paix.	*Amtsgerichte.*
Des tribunaux civils.	*Landsgerichte.*
Des cours d'appel.	*Oberlandsgerichte.*
Une cour suprême.	*Reichsgericht.*

Les tribunaux civils importants sont divisés en chambres civiles et en chambres commerciales.

III. — Le Tribunal compétent au point de vue de la nature et de l'importance du procès (RATIONE MATERIÆ)

Sous le rapport de l'importance du procès, il n'y a aucune différence entre les affaires civiles et les affaires commerciales.

Les Juges de paix sont compétents jusqu'à 300 marks (375 francs).

Les Tribunaux civils jugent :

1° Les appels des décisions des juges de paix. L'appel est facultatif dans tous les cas.

2° Les demandes au-dessus de 300 marks, à quelque somme qu'elles s'élèvent.

Les Cours d'appel connaissent des appels des jugements rendus en première instance par les tribunaux civils. La faculté d'appel est illimitée.

La Cour de cassation révise les arrêts des cours d'appel.

Procédure à suivre — Indications pratiques

Justices de paix. — La demande est faite *verbalement* devant le greffier qui la transcrit et se charge de la faire signifier au défendeur.

Dans le délai fixé le demandeur doit comparaître personnellement ou par mandataire. Le mandataire doit être majeur et muni d'une procuration écrite.

Nota. — Les procurations des commerçants français peuvent être rédigées par le Consul du lieu. Elles doivent être visées par lui. Si la signature du commerçant n'est pas connue du consul, elle doit être précédemment légalisée par le Président du Tribunal civil français du domicile du mandant.

Prix du visa consulaire, 5 fr. 60.

Au siège de toutes les justices de paix, il y a des agents d'affaires pour remplir cet office. Dans les justices de paix importantes il y a même des *Rechtsanwalte* (avoués-avocats).

Pas de tentative de conciliation.

Le défendeur est assigné à 3 jours de délai quand il demeure dans le ressort du tribunal, à 7 jours quand il habite, en Allemagne, dans un autre ressort.

Il n'y a que dans les *Wechselprocesse* (affaires relatives à des traites) que le délai peut être raccourci.

Voici les délais dans ce cas :

24 heures si le défendeur demeure dans la ville où siège le tribunal.

3 jours s'il demeure dans le ressort du tribunal, mais dans une ville autre que le siège.

7 jours s'il demeure dans toute autre ville d'Allemagne.

En cas d'urgence, les délais ci-dessus peuvent être réduits en vertu d'une autorisation du président du tribunal.

Landsgericht (Tribunal civil). — Pour les affaires devant le tribunal civil, il faut constituer un *Rechtsanwalt* cumulant les fonctions de l'avoué et de l'avocat.

Il dirige le procès, s'occupe des assignations et représente son client à l'audience. Un *Rechtsanwalt* ne peut être révoqué sans qu'il en soit, en même temps, constitué un autre.

Les procès devant les *Landsgerichte* peuvent durer deux ou trois mois, comme aussi un an ou deux. Cela dépend des cas et des occupations du tribunal.

Le *Rechtsanwalt* a le droit de demander une provision, ce qu'il fait régulièrement quand il ne connaît pas suffisamment son client.

Voici le coût approximatif d'un procès devant le *Landsgericht* pour une somme de 12.000 marks, en supposant que le défendeur se soit défendu.

1° Frais du Tribunal :

Provision des débats (*Verhandlungsgebühr*)....... Mᵏ 100		
» de la preuve (*Berveisgebühr*)........... Mᵏ 100	}	300
» de la sentence (*Entscheidungsgebühr*)... Mᵏ 100		
» du greffe...		10
» de l'enquête.....................................		10

2° Frais de l'avoué-avocat :

Provision du procès..................... Mᵏ   68
»   des débats..................... Mᵏ   68
»   de la preuve et de la conclusion
          des débats................ Mᵏ   68

$$204 \times 2 = 408$$

Ports de lettres et menus frais............   20
3° Frais des parties. — Divers.........   20

TOTAL.......................... Mᵏ   768

Les frais d'enquête varient suivant le nombre des témoins. Les autres sont fixes.

Le mark vaut 1 franc 25 centimes.

OBERLANDSGERICHT (COUR D'APPEL). — Pour faire appel du jugement d'un *Landsgericht*, il faut constituer un *Rechtsanwalt* spécial devant l'*Oberlandsgericht*.

Le délai d'appel est d'un mois à partir de la signification du jugement.

REICHSGERICHT (COUR SUPRÊME). — Pour une somme de plus de 1.500 marks on peut faire appel en révision devant le Reichsgericht, qui siège à Leipzig. Il y a pour cette Cour des *Rechtsanwälte* spéciaux.

La Preuve devant les Tribunaux Allemands

On admet en Allemagne, presque sans limitation, tous les modes de preuve, même la preuve par témoins.

Cependant, pour les procès en matière de *titres et lettres de change*, la preuve ne peut reposer que sur des documents écrits. On peut aussi déférer le serment.

Exécution des Jugements

Les jugements des Tribunaux allemands sont exécutoires lorsqu'ils ne peuvent plus être frappés d'*appel* ni de *demande en révision* ou bien lorsque le juge décide qu'ils sont exécutoires de suite.

Procédure spéciale

Mentionnons un moyen d'obtenir sans procès un titre exécutoire.

Le créancier demande au Tribunal de Paix du domicile de son débiteur de lui envoyer un *zahlungsbefehl* (commandement). La demande doit contenir :

1º La désignation des parties ;
2º La désignation du Tribunal ;
3º Le montant de la demande ou son objet ;
4º La prière d'envoyer un *zahlungsbefehl* (commandement).

L'envoi du commandement s'effectue comme l'envoi d'une assignation.

Si le débiteur comparaît, le créancier n'a qu'à suivre la marche d'un procès ordinaire.

Si dans les 14 jours, le débiteur n'a pas fait opposition, le commandement sera déclaré exécutoire en vertu d'un *Vollstreckungsbefehl* (ordre d'exécution).

Cette procédure équivaut à la procédure française des jugements par défaut.

EMPIRE D'ALLEMAGNE

Berlin

Avocats : MM. Adel. — Alexander-Katz. — Arndts. — Bieber. — Bonk. — Dittmar — Friedlander.

Aix-La-Chapelle

Avocats : MM. Baucamp (Ch.). — Jörussen (L.). — Junker (H.). — Reiners (F.). — Velling (C.).

Altenbourg

Avocats : MM. Gabler (Richard). — Hase (F. O.). — Rothe (A.).

Altona

Avocats : MM. Heymann (Julius). — Philipp (F.).

Augsbourg

Avocats et Notaires : MM. Bauer. — Boehm. — Bothmer. — Braun (K.).

Brême

Notaires : MM. Dr Buff. — Dr Bulling.

Breslau

Avocats : MM. Dr Bernhard. — Dr Cohn I. — Dr Cohn II. — Hein. — Korpulus. — Poppe. — Schreiber.

Brunswick

Avocats au Tribunal suprême et Notaires publics : MM. Aronheim (M.). — Giesecke (G.). — Kuhn (A.). — Hessig (Fr.).

Chemnitz

Avocat et Notaire : M. Preller.
Avocats (exclusivement) : MM. Dr Enzmann. — Eulitz.

Coblence

Avocats : MM. **Seligmann,** avocat-avoué et Conseiller de justice, 7, rue Neustadt. — Adams. — Claudius. — Fischel. — Henrich. — Richter. — Leonartz. — Maur. — Muller. — Coblenzer.

Cologne

Avocats à la Cour d'appel : MM. Adeneuer. — Dr Bachem. — Settels.
Avocats au Tribunal de 1re instance : MM. **Dr Adler,** avocat-avoué, rue Gereonshof, 49. — Dr Bock. — Meurer. — Senden. — Sieger.

Crefeld

Avocats : MM. Dr Busch. — Krusemann (Paul). — **Dr Simon,** Rechtsanwalt (avocat-avoué).

Darmstadt

Avocats : MM. Bender. — Gallus (F.). — Heumann. — Reuling. — Schadler.

Dresde

Avocats : MM. Damm. — Dr Trömel. — Windisch. – Zeising. — Zwicker.

Dusseldorf

Avocats : MM. **Dr Becker,** avocat-avoué, 12, Königstrasse. — Euler. — Klein. — Otten. — Vareukamp.

Francfort-sur-le-Mein

Avoués : MM. Dr Baer. — Dr Dreves (E.). — Dr Meyer. — Dr Müller.

Hambourg

Avocats . MM. Dr Antoine-Feill (H. F. A.). — Dr Behn (W. I.). — Dr Berthold. — Dr Binder. — Dr Bitter. — Dr Brandis. — Dr Cohen (M. H.). — Dr Dehn. — Dr Mannhardt. — Dr Vielhaben.

Hanovre

Avocats : MM. Abel (L.). — Fischer (E.). -- Grote (J.).

Karlsruhe

Avocat : M. Dr Schlesinger.

Kœnigsberg

Avocats : MM. Adam et Baehr. — Ellendt (R.). — Stein. — Strambau (Theod.).

Leipzig

Avocats et Notaires : MM. Andritzschky. — Dr Drucker. — Lohse. — Richter.

Lubeck

Avocats et notaires : MM. Dr Fehling. — Goertz (H. A.). — Erasmi (G.). — Priefs (G. A.). — Stoofs et Kulerkamp. — Plitt (C. H.). Vermehren (J.).

Mayence

Avocats : MM. Dr Haberling (G.). — Dr Horch. — Dr Scherer. — Dr Struve.

Munich

Avocats : MM. Comte d'Arco-Valley. — Dollmann (P.). — Dr Keyl. — Dr Marx (Siegfr.). — Pemsel (D.). — Schuster (L.).

Nuremberg

Avocats : MM. Goldmann. — Klotz. — Martin. — Mohr.

Stettin

Avocats et Notaires : MM. Boyens. — Beermann. — Engelke. — Ehrenwert. — Freude. — Dr Hirschfeld.

Stuttgart

Avocats : MM. Daur (Aug.). — Nördlinger (L.). — Stoll (Otto). Vörner.

ALSACE

Strasbourg

Avocats : MM. Blumstein. — Burg. — Reinhard. — Weber. — Dr Zschweigert.

Colmar

Avocats-Avoués : MM. Ruland. — Ganser. — Ronner.

Mulhouse

Avocats-Avoués : MM. Goldmann. — Hartmann (J.). — Linck (Ch.). — Stoeber (P.).

LORRAINE

Metz

Avocats-Avoués : MM. Berbeich. — Heyder. — Müller. — Wagner.

ANGLETERRE

Droits et obligations du créancier français en Angleterre

En règle générale, les droits des étrangers pour le recouvrement des créances en Angleterre sont les mêmes que ceux des nationaux anglais.

Le demandeur habitant l'étranger d'une façon permanente peut être contraint à payer la caution *judicatum solvi* pour les frais fixés par la Cour.

Si le demandeur résidant à l'étranger a, dans le ressort de la Cour chargée de le juger, des biens en quantité suffisante, il sera dispensé de la caution.

La nature, valeur, forme du cautionnement sont déterminées par la Cour. Généralement un engagement écrit signé de la caution suffit. Quand les frais sont présumés peu élevés, le montant est versé d'ordinaire au greffe du tribunal.

Le Tribunal Anglais compétent

Le recouvrement des créances en Angleterre, peut donner lieu à une action, soit devant les *County Courts* (Cours de Comtés), soit devant la *High Court* (Haute Cour).

Nous allons examiner l'un après l'autre ces deux ordres de juridictions.

County Court (Cour de Comté)

L'Angleterre et le Pays de Galles sont divisés en *districts* avec une *County Court* pour chaque district.

Dans les villes, ces tribunaux siègent fréquemment. Le greffe est toujours ouvert.

La *County Court* connaît des actions jusqu'à 50 livres (1,250 francs).

Cependant (sauf dans les procès relatifs à des *lettres de change*) lorsque la demande ne paraît pas devoir être contestée et dépasse 20 livres (500 francs), la procédure devant la *High Court* est beaucoup plus avantageuse.

Compétence territoriale de la County Court

La demande doit être introduite :

(a) Soit devant le Tribunal du district où le défendeur (ou l'un d'entre eux s'il y en a plusieurs), habite ou a le siège de ses affaires au moment de la poursuite.

(b) Soit (avec permission du juge ou du greffier) devant le Tribunal du district où le défendeur a eu son domicile ou le siège de ses affaires à une époque non antérieure aux six mois consécutifs qui précèdent l'introduction de l'action.

(c) Soit (avec la même permission) devant le Tribunal du district où la cause a pris naissance en totalité ou en partie.

Procédure devant la County Court

Toute procédure à la *County Court* commence par un *état de la cause* qu'enregistre le greffier.

Ensuite l'assignation est lancée.

Les assignations sont de trois sortes :

1° THE DEFAULT SUMMONS (Assignations par défaut) :

Cette procédure est généralement usitée, lorsque la demande est relative au prix, à la valeur, au louage de marchandises qui, en totalité ou en partie, ont été vendues et délivrées, ou laissées à loyer au défendeur — ou bien quand la demande dépasse 5 livres (125 fr.). C'est la procédure ordinairement suivie en matière commerciale.

Si, dans les huit jours de l'assignation, le défendeur ne conteste pas la demande, il peut être condamné aux frais et au paiement des honoraires du solicitor employé, cela sans plaidoiries.

Le demandeur peut alors faire saisir par l'officier de la Cour *(sergent)*.

Si, au contraire, le défendeur conteste la demande, le Tribunal entend les parties et tranche la difficulté.

2° THE ORDINARY SUMMONS (Assignations ordinaires) :

Cette procédure est moins avantageuse que la précédente. On ne l'emploie que pour les demandes au-dessous de 5 livres (125 francs) et quand la précédente n'est pas applicable.

3° SUMMONS UNDER THE BILL OF EXCHANGE ACT (Assignations en matière de lettre de change) :

Cette procédure s'emploie seulement lorsque la créance repose sur une lettre de change et que le montant réclamé est supérieur à 10 livres (250 fr.) et inférieur à 50 livres (1,250 fr.). Il faut en outre que la valeur ne soit pas échue depuis plus de six mois, au moment où l'action est introduite.

L'avantage de cette procédure est que, si le défendeur n'obtient pas, dans le délai de 12 jours après l'assignation, l'autorisation de présenter la défense, le demandeur peut *sommairement* obtenir jugement.

Or, l'autorisation de défendre n'est donnée que si le défendeur apporte au Tribunal le montant réclamé ou fait une déclaration constituant une défense *plausible* à l'action.

Le terme « Lettre de change » embrasse, outre les lettres de change proprement dites, les billets à ordre ou autres et les chèques sur la Banque.

Exécution des jugements

Sur remise d'une *formule* au Tribunal, un *ordre de saisie* est préparé et transmis au *bailli* de la Cour. Le bailli opère la saisie et vend les biens du débiteur jusqu'à concurrence de la créance ainsi que des frais et honoraires.

Au cas d'*opposition* à la saisie par un tiers créancier, et si celui-ci vient à se faire attribuer les objets saisis, il y a un autre procédé pour forcer le défendeur à payer s'il en a les moyens. On a recours à la procédure du *Judgment summons* : Le juge peut ici ordonner l'incarcération du débiteur qui refuse de payer. Il peut encore ordonner le paiement en plusieurs échéances.

On peut, en Angleterre comme en France, recourir à la saisie-arrêt (*Garnishee proceedings*).

Frais du procès à la County Court

Le défendeur condamné sera contraint de payer tous les frais de l'instance et les honoraires taxés du *solicitor*.

Mais vu la modicité de ces honoraires, le *solicitor* employé stipule ordinairement une commission de 5 % qui lui sera payée par le demandeur.

Si, pour une raison quelconque, les frais et honoraires ne pouvaient être recouvrés, ils resteraient à la charge du demandeur.

Les frais devant la *County Court* sont très réduits. Ces tribunaux sont en effet destinés à donner aux poursuivants le moyen de recouvrer les créances rapidement et à bon marché.

La demande en introduction d'instance est de 1 shilling à la livre, et les frais d'audience, dans les procès contradictoires, de 2 shillings à la livre. Si la créance est *admise*, les frais d'audience sont seulement de 1 shilling à la livre.

High Court (HAUTE COUR)

Les actions en recouvrement de créances excédant 20 livres (500 francs), (sauf le cas de lettres de change ou billets) sont portées *en général* à la section de la *Haute Cour* dite *Banc de la Reine*. Celles excédant 50 livres y sont portées *nécessairement*.

La procédure est ici beaucoup plus compliquée qu'à la *County Court*.

Les frais de procédure dans la *High Court* sont également plus élevés ; comme à la *County Court* celui qui perd le procès paie les frais et honoraires.

Faillite

Quand un commerçant est déclaré en faillite en Angleterre, ses biens sont mis sous la garde de l'*Official Receiver* jusqu'à la nomination du syndic.

Le créancier doit produire ses titres et prêter serment. Pour les créanciers habitant l'étranger, le serment peut être prêté devant le *Consul anglais* du lieu.

Un créancier privilégié est *en général* exclu de toute participation au dividende à moins qu'il n'abandonne son privilège.

Généralement les faillites se terminent par un arrangement ou *concordat*.

Le concordat le plus fréquent consiste à affecter tous les biens du débiteur au paiement des créanciers. Le syndic réalise et répartit entre les créanciers concordataires.

On peut faire opposition au concordat pendant 3 mois.

Le créancier qui n'accepte pas le concordat n'est pas lié par lui. Et si plus tard le débiteur est propriétaire de biens autres que ceux compris dans la faillite, le créancier pourra procéder au recouvrement de sa créance en intentant une action judiciaire.

Au contraire, les créanciers qui auront accepté le concordat ne pourront rien plus réclamer en dehors de leurs dividendes.

Conseil pratique

Il est presque impossible aux personnes peu familiarisées avec la procédure anglaise d'entreprendre le recouvrement judiciaire de créances. L'éloignement est pour l'étranger un obstacle de plus. Le plus sage est donc de payer l'assistance d'un *solicitor*, que de sérieuses études et une pratique constante ont mis à même de défendre les intérêts lésés.

NOTA. — Les procurations des commerçants français peuvent être rédigées par le Consul anglais du lieu. Elles doivent être visées par lui.

Si la signature du commerçant n'est pas connue du Consul elle doit être légalisée par le Président du Tribunal Civil français.

Prix du visa consulaire : 19 fr. 50.

Ecosse et Irlande

Dans ces deux pays, les lois de la procédure diffèrent quelque peu des lois anglaises, mais les créances y sont également recouvrables rapidement et à peu de frais.

ANGLETERRE

Londres

Avocats-Avoués (Solicitors) : MM. Abraham (Michael), Sons & C°, solicitors et jurisconsultes internationaux, à Londres, 5, Old Jewry ; à Paris, 23, rue Taitbout. — Adkins (Henry-Adams), 46, Queen Victoria Street, E C. — Atkinson & Dresser, 30, Finsbury circus, E C. — Barrett (Horace), 2 & 3, West Street, Finsbury circus, E C. — Bowring (Edward John), 32, Queen Victoria Street, E C. — Davis (Lewis), 19, Moorgate Street, E C. — Dubois & Williams, 3, Pancras lane, Queen Street, E C. — Farlow & Fuller, 1, Church Court, Clement's Lane, E C. — Flower, Nussy & Fellowes, 1, Great Winchester Street, E C. — Forrest (Daniel), 26, Morgate Street, E C. — Greenfield (John), 37, Queen Victoria Street, E C. — Lowel (Thomas), Monument buildings, E C. — **Lumley & Lumley,** solicitors (Recouvrements, affaires légales, successions, etc.), *à Londres*, 15, Old Jewry Chambers; *à Bordeaux*, 96, rue Judaïque. — Plunkett & Leader, 60, S¹ Paul's Churchyard, E C. — **Wakley & Wakley,** avocats-notaires-avoués, 9, Cheniston Gardens. (*V. aussi à Birmingham*).

Birmingham

Solicitors : MM. Amphlet (Charles E.). — Ansell & Ashfort. — Ansell (Joseph), 38, Waterloo Street. — Arnold & Son. — Baker (Philip). — Balden et Son. — Barber (Sidney V.) — Beale & C°. — Blackam & Taylor. — Blewitt, Reynolds & C°. — Bloxham, Smythe & Etches. — Bradley (Isaac) & Cuthberston. — Brady (Christopher). — **Wakley & Wakley,** avocats-notaires-avoués, solicitors & commissioners for oaths, *à Birmingham*, Aston Cross; *à Londres*, 9, Cheniston Gardens; et aussi *à Jersey & Guernesey*.

Bradford

Solicitors : MM. **Ratcliffe et Durrance,** 8 & 9, Exchange buildings, Bank Street. (**Spécialement recommandés**).

Leeds

Solicitors : MM. Addyman & Haye, 15, East parade. — Booth, Clough et Booth, Central Bank Chambers. — Dale (Edward), 88, Albion street. — Middleton et Sons, Calverley Chambers,

Victoria square. — Nelson, Barr et Nelson, 4, South parade. — Nelson, Eddisons et Lupton, 34, Albion street. — Teale (Herbert Greenwood) 36, Trinity street. — Wade James, 72, Albion street. — Ward & Sons, 12, Bank street. — Wooler (E. O.), Burrows & Burton, 21, New station street. — Wright Williams, 15, Park Row.

Liverpool

Solicitors : MM. Anthony & Imlach. — Banks, Kendall & Taylor, 26, Nord John street. — Barrell, Rodwery & Cº, 14, Harrington street. — Batesons, Warr & Wimshurst, 14, Castle street. — Brenner, Sons & Corlett, 1, Crosshall street. — Cross Henry, 19, Castle street. — Donnison & Edwards, 41, Lord street. — Jarnett, Tarbet & Cº, 9, North John street. — Hime & Lamb, 13, Harrington street. — Hore, Monkhouse & Hore, 15, Lord street. — Jones, Paterson & Cº, 11, Dale street. — Layton & Springmann, 9, Finwick street.

Bristol

Solicitors : MM. Abbot, Pope, Brown & Abbot. — Atchley, W. H. & H. W. W. — Baker & Langworthy. — Baldwin Percy. — Barker Arthur E. — Barnett & Leonard.

Cardiff

Solicitors : MM. Belcher, T. H. — Bland, Alex. — Blosse, Harry F. — Coe, John T. — Cook, Walter.

Hull

Solicitors : MM. Atkinson & Daly, Quay Chambers, Parliament street. — Colbeck & Thompson, 12, Parliament street. — Davis, Richard, 16, Scale Lane. — Frankish, Kingdon & Wilson, Bowlalley Lane. — Gray (Charles H.), 21, Parliament street. — Hare, Henry C., Chancery buildings, Manor street. — Manley, F. Churchill, 23, Silver Street. — Moss, Lowe & Cº, Parliament street. — Priestman I & A, Bowlalley Lane. — Thorney & Son, 10, Parliament Street.

Manchester

Solicitors : MM. Marriott & Cº, Norfolk Street. — Crofton, Henry-Thomas. 36, Brazzenoze Street. — Farrer-Morgan & Cº, 38 & 40 Lloyd Street. — Fox, A. & G. W., 53, Princes street.

— Gill, Thomas-Joseph, 19, Cooper Street. — Hilton Johns, 14, St-Ann's Square. — Hinde, Milne & Bury, 7, Mount Street. — Widows, H. G., Queen's Chambers, 5, John Dalton Street.

Newcastle-on-Tyne

Solicitors : MM. Chartres & Youll, 18, Grainger Street West. — Davies & Balkwill, St-John Street. — Macdonald, J. D. & D. M., 41, Mosley Street. — Wilkinson & Marshall, 27, Mosley street. — Wilkinson, W. C., 55, Pilgrim street. — Forster, C. & D. & Cᵉ, 24, Grainger Street West. — Montgomery, 34, Blackett Street.

Sheffield

Solicitors : MM. Dramfield & Hodgkinson, Castle Chambers High Street. — Lucas & Cockayne, 23, Church Street. — Saunder & Nicholsons, 4, East Parade. — Smith, Smith & Elliott, Meeting house Lane. — Watson, Esan et Barber, 29, Bank Street. — Wilson, Arnold Muir, 54, Bank Street.

Edinburgh

Solicitors : MM. Alder & Fenwick, 1, Charlotte Square. — Adam, Y. & A. F., 9, South Charlotte Street. — Bell, Robert Crougie, 13, Hill street. — Bilton, L., 16, Hope street. — Cheyne, Harry, 9, Hill Street. — Cornillon Craig & Thomas, 130, George Street. — Dove & Lockart, 29, York place. — Geddes, William, 118, Princes Street. — Newlands, Andrew, 4, York place. — Robertson, James, 1, George Square. — Vetch, Henry, 8, Hill Street. — Winchester & Nicholson, 4, York buildings.

Glasgow

Solicitors : MM. Biggart, Thomas, 207, Ingram Street. — Buchan, W. R., 227, West George Street. — Campbell, Clément-M., 205, Hope Street. — Crawford, William Barr, 104, West Regent Street. — Dick, Stevenson & Muir, 176, West George Street. — Forbes & Carrick, 83, West Regent Street. — Mac Grigor, Donald & Cᵒ, 172, St-Vincent Street. — Muirhead, James, 30, Gordon Street. — Williamson & Carswell, 203, Hope Street.

Dublin

Solicitors : MM. Anderson & Bland, 2, Inn's Quay. — Armstrong, William-E. 38, Dame Street. — Barrington & Son, 10,

Ely Place. — Brett, William Jasper, 27, Lower Ormond Quay. — Coffey, Thomas, P., 17, Upper Ormond Quay. — Dix H. T. & Son, 61, Upper Sackville Street. — Flym, Thomas-M., 118, Grafton Street. — Fottrell & Mooney, 36, Westmoreland Street. — Hallowes & Hamilton, 21 Westland Row. — Mooney, William & Son, 16 Fleet Street. — Scallan, John L. & C°, 25, Suffolk Street.

Jersey, St-Helier

Solicitors : MM. Binet-Renouf, E., 15, Royal Square. — Hawsksford, Francis, Hill Street. — Syvret, John, 14. Royal Square. — Dorey, Thomas, 21, Hill Street.

AUTRICHE

Droits et obligations du créancier Français en Autriche

Nota. — Les règles de procédure sont différentes en Autriche et en Hongrie. On trouvera la Hongrie à sa place alphabétique.

Le créancier étranger, habitant ou non l'Autriche, a, en Autriche, les mêmes droits pour le recouvrement de ses créances que le créancier autrichien.

L'étranger qui réclame le paiement d'une créance devant un tribunal autrichien, peut être obligé de fournir une caution dite *Caution judicatum solvi*, dans le but de garantir le paiement des frais.

L'étranger demandeur n'est pas tenu de fournir la caution dans les cas suivants :

1° S'il y a entre l'Autriche et l'Etat auquel appartient l'étranger un traité dispensant le demandeur de fournir la caution.

2° Si l'étranger possède en Autriche des immeubles ou des créances hypothécaires sur des immeubles d'une valeur suffisante pour répondre du paiement des frais.

3° *Si l'action est basée sur une lettre de change* ou sur un acte notarié.

Le cautionnement sera fourni soit en espèces, soit en valeurs cotées à la bourse autrichienne, soit par la garantie de personnes solvables ayant leur domicile en Autriche.

Le Tribunal Autrichien compétent

I. — Organisation des Tribunaux

Au point de vue judiciaire, les 15 provinces autrichiennes sont divisées en 70 *arrondissements*. Les arrondissements sont subdivisés en *cantons*.

Tribunaux de cantons (*Bezirksgericht*). — Dans chaque Canton il y a un *Tribunal de canton*, compétent pour tout le Canton.

Ces tribunaux ont en général une section civile et une section commerciale.

Exceptionnellement, à Vienne, à Prague et à Trieste il y a un tribunal de canton civil et un tribunal de canton commercial.

COURS DE PAYS ET COURS D'ARRONDISSEMENT *(Kreisgericht)*. — Au dessus des Tribunaux de Canton sont les *Cours d'arrondissement*, compétentes pour tout l'arrondissement. Il y en a 70 dans toute l'Autriche. Quinze prennent le nom de *Cours de Pays*, ce sont celles qui siègent dans les capitales des 15 provinces.

A Vienne, à Prague et à Trieste il y a une Cour civile et une Cour criminelle.

COURS D'APPEL. — Au-dessus des Cours de Pays et d'Arrondissement, sont les *Cours d'appel*. Il y en a 9. Elles siègent à Vienne, Prague, Brünn, Graz, Innsbruck, Trieste, Krakan, Lemberg et Zara.

COUR DE CASSATION. — Elle siège à Vienne.

II. — Le Tribunal compétent au point de vue du lieu

(RATIONE LOCI)

En principe, les actions doivent être portées au tribunal du domicile de celui contre qui l'on plaide.

Il y a des exceptions. Celles qui nous intéressent sont les suivantes :

1° Les actions contre les biens d'un défunt doivent être portées devant le Tribunal dans le ressort duquel la succession s'est ouverte, tant que les héritiers ne sont pas en pleine possession.

2° Les actions contre les fabricants, commerçants, artisans, peuvent aussi être portées devant le tribunal de leur établissement.

3° Les actions basées sur une convention écrite peuvent être portées devant le tribunal du lieu où le contrat devait être exécuté, mais à la condition : 1° que le traité contienne expressément ce lieu ; 2° qu'il soit stipulé que le droit de porter l'action devant le tribunal du lieu d'exécution sera la conséquence de la désignation de ce lieu.

Pour porter une action contre un commerçant devant le tribunal du lieu d'exécution de la convention, il suffit que le commerçant ait accepté une note remise avant ou avec les marchandises et contenant les mots : « *Payable et exigible à.... »*

4° Les actions fondées sur une lettre de change pourront aussi être portées devant le tribunal du lieu où la lettre de change doit être payée.

III. — Le Tribunal compétent au point de vue de la nature et de l'importance du procès

a). — Affaires Civiles

Tribunaux de canton. — Les tribunaux de canton ont compétence pour une demande civile maxima de 500 florins. Ils jugent à charge d'appel au-dessus de 50 florins. — Au-dessous de cette somme l'appel est très limité.

Cours de pays et Cours d'arrondissement. — Ces cours jugent :
1° Les appels des Tribunaux de cantons ;
2° Les actions civiles de plus de 500 florins à charge d'appel.

b). — Affaires Commerciales

Les actions commerciales, c'est-à-dire le plus souvent intentées à des commerçants *inscrits* sont jugées de la même façon.
Ainsi, en matière de commerce :
Les *Tribunaux de canton commerciaux* ou les *Sections commerciales des Tribunaux de canton* ont compétence jusqu'à 500 florins, savoir : à charge d'appel de 50 à 500 florins, — appel limité au-dessous de 50 florins.
Les *Cours de commerce* et les *Sections commerciales des Cours de pays et Cours d'arrondissement* jugent :
1° Les appels des tribunaux de canton en matière commerciale ;
2° Les actions commerciales de plus de 500 florins contre les commerçants *inscrits*.
Ces cours jugent en outre :
3° Les actions fondées sur une lettre de change ;
4° Les actions relatives à l'usage des lettres patentes, des modèles, des échantillons et des marques.
5° Les actions concernant le droit maritime.

c). — Appel et revision

Cours d'appel. — Les Cours d'appel statuent sur les appels des jugements de 1re instance rendus par les Cours de pays, Cours d'arrondissement, Cours de commerce.

Cour de Cassation. — Elle révise tous les jugements rendus en dernier ressort.

Procédure à suivre — Indications pratiques

DEVANT LES COURS DE PAYS, D'ARRONDISSEMENT ET DE COMMERCE

Procédure ordinaire : Pour intenter un procès, il faut s'adresser à un avocat, et le munir d'une procuration.

NOTA. — Les procurations des commerçants français, rédigées en allemand, doivent être visées par le Consul autrichien du lieu.

Si la signature du commerçant n'est pas connue du Consul, elle doit être précédemment légalisée par le Président du Tribunal Civil français du domicile du mandant.

Prix du visa consulaire 10 francs.

Envoyer à l'avocat tout le dossier de l'affaire et l'informer des conventions verbales s'il y a lieu.

L'avocat demandeur présente requête à la Cour. La Cour assigne le défendeur qui doit également se faire représenter par un avocat à la *première* audience.

A cette première audience, l'avocat défendeur devra réclamer *la caution judicatum solvi*, se prévaloir des exceptions d'incompétence, de chose jugée ou de litispendance faute de quoi il ne sera plus recevable quant à ces exceptions.

Si, chose probable, les plaideurs ne se mettent pas d'accord à la première audience, le défendeur a quatre semaines pour répliquer.

La Cour décide s'il y a lieu à instruction préalable.

A la deuxième audience, plaidoiries des avocats, développement des preuves, prononcé du jugement.

En cas de défaut d'une partie, le procès est suspendu pendant *trois mois* sans que les deux parties, même d'accord, puissent le reprendre.

Procédure spéciale en matière de lettre de change. — Sur le vu de la lettre de change acceptée et du protêt, la Cour de Commerce prononce le *commandement de payer.*

Même si le défendeur présente des exceptions d'incompétence ou autres le *commandement de payer* peut être exécuté provisoirement (à titre de garantie). On s'explique après.

DEVANT LES TRIBUNAUX DE CANTON, CIVILS OU COMMERCIAUX

Procédure simple et rapide : Le concours des avocats n'est pas nécessaire. On peut donner procuration à un ami.

Deuxième Instance. — Les Tribunaux de deuxième Instance (Cours d'appel ou Cours d'Arrondissement et de Pays statuant sur l'appel du jugement d'un Tribunal de Canton) peuvent annuler le jugement de première instance et statuer eux-mêmes sur l'affaire.

En deuxième instance les parties doivent toujours être représentées par un avocat.

Hommes d'affaires pour diriger la procédure

Il n'y a en Autriche que l'avocat pour représenter les parties devant les Cours et les Tribunaux.

Il cumule les fonctions de l'avocat et de l'avoué français.

Le *même* avocat peut plaider dans tout l'empire et devant toutes les juridictions, Cour de Cassation comprise.

Les prétentions des avocats autrichiens ne sont généralement pas exagérées. Il y a un tarif réglant le coût des actes.

Les avocats réclament ordinairement une provision ou paiement d'avance de 50 florins pour une affaire de 1.000 florins ou au-dessous, de 100 florins pour les affaires dépassant 1.000 florins et à quelque somme qu'elles s'élèvent.

Exception, bien entendu, pour les affaires très compliquées.

Coût approximatif des procès

On peut dire qu'un petit procès (jusqu'à 50 florins) coûtera de 5 à 15 florins.

Au-dessus de 50 florins, tout dépend de la complication des faits et de la difficulté des questions de droit.

Pour les cas simples on peut dire que jusqu'à 500 florins, le coût sera de 10 à 100 florins.

Pour les demandes plus fortes le coût sera proportionnellement beaucoup moins considérable. Il ne s'élevera guère au-dessus de 200 ou 300 florins pour un simple procès, quel que soit le montant de la créance.

Exécution des Jugements

Dès qu'un jugement est devenu exécutoire, le demandeur s'adressera à la Cour ou Tribunal qui a prononcé le jugement pour en obtenir l'exécution ; l'Etat prêtera donc lui-même son assistance pour forcer le débiteur à payer, le créancier n'aura qu'à indiquer la procédure qu'il veut voir adopter.

Le créancier peut proposer séparément ou cumulativement, à son choix :

1° La saisie des meubles ;

2° La saisie-arrêts ;

3° La séquestration et au besoin la vente des immeubles.

La procédure n'est pas très coûteuse. Elle est la même pour les affaires civiles et commerciales de 50 à 500 florins.

S'il y a *plusieurs exécutions* contre le même débiteur *commerçant ou non,* chacun des créanciers peut requérir *la déclaration de la faillite.* Si le débiteur assigné par la Cour ne peut prouver qu'il a les moyens suffisants pour régler tout le monde *la faillite est déclarée.*

Pour les débiteurs commerçants la faillite peut être déclarée sur la preuve pure et simple de cessation de paiements.

Dans les faillites de non commerçants les créanciers se partagent l'actif mais conservent leurs droits pour la partie non payée de leur créance.

Pour les faillis commerçants il en est autrement s'il y a concordat forcé : les créanciers perdent la partie de leur créance non couverte par l'actif. Le concordat s'impose à tous les créanciers s'il est voté par une assemblée composée de 2/3 des créanciers et si le vote a lieu à la majorité de 3/4 des créanciers présents.

AUTRICHE

Vienne

Avocats : MM. Dr F. Adensamer. — Dr Ascher (M.). — Dr Bauer (J.). — **Dr Sigmund Karplus,** avocat, interprète pour les langues Anglaise et Française, Riemergasse, 12. (*Spécialement recommandé*). — Dr Benedikt (Edmund). — Dr Bienenstock (Karl). — Dr Clemens (Robert). — **Dr Otto Knepler,** avocat, Mariahilferstrasse, 61. (*Spécialement recommandé*). — Dr Daubeck (J.). — Dr Eberle (F.).

Brunn

Avocats : MM. Fialla. — Haas. — Winter.

Fiume

Avocats : **Dr Brelich** (François). — **Dr Kuscher** (Ferdinand), rue Corse, 10. — **Dr Sachs** (Henri), Piazza Urmeny.

Gœrz

Avocats : MM. Abram (J.). — Bettigi (Joseph). — Frapporti (Paolo).

Graz

Avocats : MM. Archer (M.). — Baumgartner (C.). — Hiebler (Fr.). — Link (L.). — Waltner (C.).

Prague

Avocats : MM. Adamek (C.). — Koreff (M.). — Pollak (J.). — Sachs (D.). — Taussig (Sigfried). — **Dr Louis Bendiener,** Jungmannsgasse, 41.

Trieste

Avocats : MM. Consolo (F.). — Dompieri (C.). — **D'Angel** (G.), avocat du Consulat de France. (*Spécialement recommandé*). — Guido. — Kraüseneck (Dr G.).

BELGIQUE

Droits et obligations du commerçant Français en Belgique

Les étrangers peuvent recouvrer leurs créances devant les Tribunaux belges comme les Belges eux-mêmes.

L'étranger *demandeur* devra fournir caution pour le paiement des frais et dommages-intérêts pouvant résulter du procès.

L'étranger demandeur est dispensé de fournir caution :

1° S'il a en Belgique un domicile autorisé ;

2° S'il existe entre la Belgique et la nation à laquelle l'étranger appartient un traité portant dispense de fournir caution. Ce traité n'existe pas avec la France. Les Français demandeurs devront donc fournir caution ;

3° Si l'étranger possède en Belgique des immeubles d'une valeur suffisante — ou même une fortune mobilière telle qu'il n'y ait aucun doute sur sa solvabilité (jurisprudence) ;

4° S'il consigne la somme jusqu'à concurrence de laquelle le jugement a ordonné que la caution serait fournie ;

5° S'il fournit un gage suffisant ;

6° En matière de commerce. Cette dispense est de la plus haute importance.

Sociétés Commerciales. — Les Sociétés commerciales, industrielles ou financières constituées et ayant leur siège en pays étranger pourront faire leurs opérations et ester en justice en Belgique, à condition :

1° Qu'elles existent légalement et valablement dans le pays où elles ont été créées ;

2° Qu'elles aient le droit d'ester en justice dans ce pays.

Le Tribunal Belge compétent

I. — Organisation des Tribunaux

La Belgique est, comme la France, divisée au point de vue judiciaire en *ressorts de Cours d'Appel.*

Chaque *ressort de Cour d'Appel* se divise en *Arrondissements.*

L'*Arrondissement* se subdivise en *Cantons.*

Chaque Canton a une *Justice de Paix* compétente pour tout le Canton.

Chaque Arrondissement possède un *Tribunal Civil* dit *Tribunal de première Instance,* compétent pour tout l'Arrondissement.

Chaque ressort de Cour d'Appel possède une *Cour d'Appel,* compétente pour tout le ressort.

Il y a en Belgique, comme en France, des *Tribunaux de Commerce.*

II. — Le Tribunal compétent au point de vue du lieu

En principe, le défendeur doit être assigné au Tribunal dans la circonscription duquel se trouve son domicile.

S'il y a plusieurs défendeurs, la cause sera portée, au choix du demandeur, devant le juge du domicile de l'un d'eux.

Si un domicile a été élu pour l'exécution d'un acte, l'action pourra être portée devant le juge de ce domicile.

Les actions dirigées contre l'Etat, les établissements publics et autres personnes civiles seront portées devant le juge du lieu où est établi le siège de l'administration.

Les Sociétés devront être assignées devant le juge du lieu où elles ont leur principal établissement.

En matière mobilière (c'est-à-dire, dans toutes les affaires qui ont pour objet des sommes exigibles) et en matière commerciale, le demandeur pourra assigner à son choix :

1° Soit devant le Tribunal du domicile du défendeur.

2° Soit devant celui dans l'arrondissement duquel la promesse a été faite et la marchandise livrée.

3° Soit devant celui dans l'arrondissement duquel le paiement devait être effectué.

III. — Le Tribunal compétent au point de vue de la nature et de l'Importance du procès

1° JUGES DE PAIX. — En matière de créances ordinaires, ces juges de paix jugent en dernier ressort jusqu'à la valeur de 100 francs et en premier ressort jusqu'à la valeur de 300 francs.

2° TRIBUNAUX CIVILS OU DE 1ʳᵉ INSTANCE. — Les tribunaux de 1ʳᵉ instance connaissent de toutes matières, à l'exception de celles qui sont attribuées aux juges de paix et aux tribunaux de commerce. En dernier ressort jusqu'à 2,500 fr. En premier ressort pour toute somme supérieure.

3° TRIBUNAUX DE COMMERCE. — Le créancier devra assigner son débiteur devant les Tribunaux de Commerce toutes les fois qu'il s'agit d'*actes commerciaux* faits par des commerçants ou par des non commerçants.

Les lettres de change, mandats, billets ou autres effets à ordre ou au porteur, sont de la compétence du Tribunal du Commerce.

L'Etat, en tant qu'il exploite le service des Chemins de fer et le service des Postes, est considéré comme commerçant.

Procédure à suivre. — Indications pratiques

1º Procédure devant la Justice de Paix

Les parties doivent comparaître en personne ou par fondés de pouvoirs. Les étrangers pourront s'adresser à un avoué, à un huissier ou à un ami et lui donner procuration.

Les affaires sont introduites par voie de citation.

NOTA. — Les procurations des commerçants français, doivent être visées par le Consul belge du lieu.

Si la signature du commerçant n'est pas connue du Consul, elle doit être précédemment légalisée par le président du Tribunal Civil français du domicile du mandant.

Prix du visa consulaire 3 francs.

Le délai pour comparaître est d'un jour au moins, avec augmentation de un jour par trois myriamètres.

La partie condamnée par défaut peut former opposition dans les trois jours de la signification du jugement.

2º Procédure devant les Tribunaux Civils

En principe toutes les affaires qui sont de la compétence des Tribunaux Civils, débutent par un *préliminaire* de conciliation devant les juges de paix. Certaines demandes sont dispensées de préliminaires. Ce sont celles qui requièrent célérité, celles dans lesquelles il y a plusieurs défendeurs, etc...

A défaut de conciliation devant le juge de paix, l'affaire est portée devant le Tribunal par voie d'ajournement.

Le délai minimum pour comparaître est de huitaine, mais l'affaire peut être considérablement retardée dans les Tribunaux qui ont un rôle très chargé.

Les parties comparaissent nécessairement par voie *d'avoués*.

Si le défendeur ne constitue pas avoué ou si l'avoué constitué ne se présente pas au jour indiqué pour l'audience, il est donné défaut.

L'opposition est ouverte contre ces jugements. Dans le premier cas, l'opposition est recevable jusqu'à l'exécution du jugement et peut être faite par acte d'huissier à charge de la réitérer par requête avec constitution d'avoué dans la huitaine.

Dans le deuxième cas, l'opposition n'est recevable que pendant la huitaine à compter du jour de la signification à avoué.

Les parties doivent prendre non seulement un avoué, mais aussi *un avocat*. C'est l'avocat qui conduit le procès, c'est lui qui rédige les assignations et les remet aux huissiers, qui charge les avoués de se constituer ; c'est lui qui rédige les conclusions et dirige toute la procédure.

3° — Procédure devant les Tribunaux de commerce

Les parties comparaissent soit en personne *soit par mandataire*. Devant certains Tribunaux on exige que le mandataire qui comparaît produise sa procuration.

Ne sont admis à plaider comme fondés de pouvoirs devant les Tribunaux de commerce que :

1° Les avocats ;

2° Les avoués ;

3° Les personnes que le Tribunal agrée spécialement dans chaque cause.

Les affaires sont introduites par exploit d'huissier. L'huissier se charge de la mise au rôle.

Le délai pour la comparution doit être au moins d'un jour. Il est augmenté à raison des distances. Et le Président du Tribunal peut l'abréger dans les cas d'extrême urgence (affaires maritimes, saisies d'effets mobiliers.)

Les jugements rendus par défaut sont susceptibles d'opposition dans la huitaine de la signification du jugement.

Procédure en matière de faillite

La procédure est à peu près la même qu'en France.

Le créancier qui veut produire doit envoyer la déclaration de sa créance au greffe du Tribunal de Commerce et l'affirmer sincère et véritable sous serment.

La déclaration doit énoncer les nom, prénoms. profession et domicile du créancier ; le montant et les causes de la créance ; les privilèges, hypothèques ou gages qui y sont affectés et le titre d'où elle résulte.

La déclaration doit être signée par le créancier ou par un fondé de pouvoirs spécial ; dans ce cas, la procuration doit être annexée à la déclaration.

Le créancier qui a laissé passer le délai fixé par le jugement déclaratif pour la déclaration des créances peut encore faire sa déclaration jusqu'à la dernière distribution de deniers.

Lorsque le délai pour la déclaration des créances est expiré, le curateur procède à la vérification des créances, sous la surveillance du juge commissaire. Le failli et les créanciers vérifiés et portés au bilan peuvent intervenir à la vérification, discuter, les productions et s'opposer à l'admission des créances.

Il importe aux créanciers de vérifier la date fixée pour la cessation des paiements ; car de cette fixation peut dépendre la validité des opérations qu'ils ont faites avec le failli, des paiements qu'ils ont reçus.

Cette date est déterminée par le jugement déclaratif ou par un jugement ultérieur rendu sur le rapport du juge-commissaire.

Les créanciers peuvent se pourvoir par voie d'opposition contre le jugement qui a fixé la date de la cessation des paiements, pourvu que l'opposition soit portée dans la quinzaine de l'insertion du jugement dans les journaux désignés par le Tribunal.

La loi de 1851 ordonne qu'avant de procéder à la liquidation de la faillite, les créanciers réunis se prononcent sur la question du *Concordat*.

La majorité, pour que le Concordat soit accordé, doit se composer de la moitié plus un des créanciers, représentant au moins les 3/4 de la totalité des créances admises définitivement.

Le Tribunal homologue la décision.

Si le Concordat est refusé, il est immédiatement procédé à la liquidation et à la répartition.

Exécution des jugements

Pour faire exécuter un jugement il faut :

1° Le lever ;

2° Le signifier ;

3° Faire faire commandement au débiteur de payer.

Les *huissiers* seuls, agissant à la requête et en vertu des pouvoirs du créancier, ont qualité pour procéder à l'exécution forcée.

Parmi les actes d'exécution on peut distinguer certains actes conservatoires des droits du créancier, tels sont : la saisie conservatoire, la saisie-arrêt. Les autres tendent à remplir l'obligation du débiteur par la vente de ses biens ; tels sont : la saisie-exécution, la saisie-immobilière.

De l'exécution en Belgique des jugements rendus en pays étrangers

Les Tribunaux étrangers n'ont pas le pouvoir de rendre leurs décisions exécutoires en Belgique.

Pour qu'elles soient exécutoires, il faut qu'elles soient revêtues de l'*exequatur*, c'est-à-dire de la formule exécutoire.

Lorsqu'il n'existe entre la Belgique et le pays où le jugement a été rendu aucun traité consacrant la réciprocité, les Tribunaux belges doivent examiner si ce jugement est en fait et en droit conforme à la justice. Le Tribunal belge accordera ou refusera l'*exequatur*, mais n'a pas le droit de modifier le jugement.

L'*exequatur* doit être demandé par voie d'*assignation devant le Tribunal belge* et non par voie de *requête*.

Le Tribunal civil de 1re instance est seul compétent pour statuer en premier degré sur une demande en *exequatur*.

Son jugement est susceptible d'appel ou d'opposition s'il est rendu par défaut.

BELGIQUE

Bruxelles

Avocats près la Cour d'appel : MM. Allard (Alfred). — André (Em.). — Bara. — Biebuyck (G.). — Bonnevie (V.). — Canler (Adolphe).

Anvers

Anvers : MM. Bauss. — Baussart (M.). — Biard (Ed.). — Bosmans (R.). — Busschots (C.-A.). — Cooremans (F.). — Delvaux.

Gand

Avocat : M. **Verbaere** (Alfred), *(spécialement recommandé),*

Liège

Avocats : MM. Dupont (C.). — Clochereux (H.). — Van Marcke (Ch.). — Hamal (J.).

Mons

Avocats : MM. Bourlard. — Clerfayt. — De Barolet. — Delattre. — Fauconnier.

Namur

Avocats : MM. Lemaître. — Saintraint. — Malherbe. — David.

Tournai

Avocats : MM. Crombé. — Goblet. — Marousé (H.). — Peeters. — Roger.

Verviers

Avocats : MM. Bonjean. — Debertry. — Hermin.

DANEMARK

Droits et obligations du créancier Français en Danemark

Le créancier étranger a, en Danemark, relativem t au recouvrement de ses créances, les mêmes droits et les mêmes obligations que le créancier Danois.

En Danemark, on n'exige pas des étrangers la caution *judicatum solvi*

Le Tribunal compétent

I. — Le Tribunal compétent au point de vue du lieu
(RATIONE LOCI)

En règle générale, le Tribunal compétent pour une action en paiement, est le Tribunal du lieu du domicile du débiteur.

Le débiteur peut être cité devant le Tribunal du lieu de sa résidence, quand il n'a point de domicile fixe ou quand il s'est engagé lui-même par écrit, à payer en ce lieu.

Si les parties ont élu un domicile, l'action sera portée au Tribunal du lieu du domicile élu.

Il y a quelques règles spéciales pour les affaires maritimes et commerciales.

1º Celui qui pendant un séjour à Copenhague, y a contracté une dette qui par sa nature ou par convention y devait être payée, pourra être traduit devant le Tribunal de cette ville.

2º Le négociant qui a un établissement à Copenhague peut être traduit devant le *Tribunal de Commerce* et *Maritime* de cette ville pour tous actes se rapportant au commerce qu'il y fait, même s'il a eu son domicile hors de Copenhague.

3º Les procès entre membres d'une société commerciale ou même d'une compagnie d'armateurs dont le siège principal est à Copenhague, peuvent être portés devant le Tribunal de cette ville.

II. — Organisation Judiciaire

La *campagne* est divisée en districts ou cantons ruraux (*Herreder*).

Chaque canton a un Tribunal, le (*Herredsthing*) tribunal du canton, représenté par un juge cantonal (*Herredsfoged*).

Les *villes* forment des juridictions spéciales avec un Tribunal, le (*Bything*), *Tribunal de la ville*, représenté lui-même par un juge le (*Byfoged*), juge de la ville ou maire.

A *Copenhague*, le Tribunal ordinaire de première instance est le (*Hof-og-Stadsret*) ou *Tribunal de la Cour et de la ville*.

Une section spéciale de ce Tribunal constitue la *Commission des dettes* (*Gœldskommissionen*).

Le (*Hof-og-Stadsret*) se compose d'un président (*Justitiarius*) et de 16 conseillers.

A côté de ces Tribunaux ordinaires, il y a des *Tribunaux spéciaux*, parmi lesquels il faut remarquer le *Tribunal maritime et de commerce* (*So-og Handelsretten*), siégeant à Copenhague, qui juge les affaires maritimes et de commerce.

Il est composé d'un président et d'un vice-président, tous deux magistrats de carrière, de 30 membres experts en affaires de commerce, de 10 membres experts en affaires maritimes, élus respectivement pour 5 et 4 années par une assemblée électorale composée de : 1° l'Administration municipale ; 2° le Comité de la Société des négociants (*Grosserersocietetet*) ; 3° la Direction de la Société des Capitaines de navire (*Shipperforeningen*).

Il n'y a point de Tribunaux spéciaux hors de Copenhague.

Au-dessus des Tribunaux des villes et des cantons il y a en Danemark deux Cours d'appel (*Landsorerretter*) l'une à Copenhague pour les îles, l'autre à Viborg pour le Jutland.

Mais la Cour d'appel de Copenhague se confond avec son Tribunal civil sous le nom de « *Landsorerret samt Hof-og Stadsret* »

La Cour d'appel de Viborg a 1 président et 10 conseillers.

Au-dessus des deux Cours d'appel et du Tribunal maritime et de commerce est la Cour suprême (*Hojesteret*), siégeant à Copenhague.

III. — Le Tribunal compétent au point de vue de la nature et de l'importance du procès (RATIONE MATERIÆ)

Pemière instance. — Les procès civils en première instance sont jugés par les Tribunaux du canton ou de la ville.

Deuxième instance. — L'appel devant les Cours d'appel ne peut avoir lieu que pour une demande d'au moin 20 couronnes.

A Copenhague, le Tribunal civil et la Cour d'appel se confondant, il n'y a qu'une instance avec recours devant la Cour suprême. Le délai d'appel devant les Cours d'appel est de 4 mois.

Troisième instance. — Pour qu'il y ait lieu à recours devant la Cour suprême il faut que la demande soit d'au moins 200 couronnes.

Le délai de recours devant la Cour suprême est de 6 mois. Cependant pour les jugements du Tribunal maritime et de commerce le recours doit avoir lieu dans les 2 mois.

Procédure à suivre — Indications pratiques

1° *Procédure spéciale : Les petites affaires de Dettes.* — Par *affaires de dettes* on entend exclusivement celles qui tendent au paiement d'une *somme d'argent.*

Les *affaires de dettes* sont « petites » quand la somme reclamée ne dépasse pas 200 couronnes.

Quels sont les Tribunaux qui jugent *les petites affaires de dettes ?*

A Copenhague, c'est la *Commission des Dettes (Gœldshommissionen)* qui est, nous l'avons dit une section *du Landsorer-Samt Hof-og stadsrat.*

La commission comprend deux divisions : la 1re juge les affaires au-dessous de 40 couronnes, la 2e les affaires de 40 à 200 couronnes.

Les demandes maritimes et commerciales de moins de 200 couronnes sont jugées à Copenhague par le *Tribunal Maritime et de Commerce*, mais avec application des règles contenues dans le décret du 6 août 1824 (voir ci-après).

Hors de Copenhague, les petites affaires de dettes sont jugées par les Tribunaux de cantons ou des villes, mais avec application des règles du dit décret.

Les règles de procédure spéciale pour les petites affaires de dettes, prescrites dans le décret du 6 août 1824 sont les suivantes :

Le but principal de ce décret est de permettre au juge de guider les parties de manière à ce qu'elles puissent défendre leurs intérêts sans avoir recours à un avocat.

C'est le juge lui-même qui doit sur la réquisition du demandeur dresser une citation. Le demandeur la fait signifier à la partie adverse. Les erreurs dans la citation sont redressées et n'annulent pas la procédure.

C'est le juge qui fait mander lui-même les témoins que lui indiquent les parties et qui guide celles-ci dans le choix des preuves à apporter et dans l'administration de ces preuves.

La loi oblige le juge à accélérer la procédure et à terminer l'affaire en une seule audience si rien ne s'y oppose.

Si le cas est particulièrement délicat, les parties pourront se servir du ministère d'un avocat. Mais, sauf autorisation spéciale du juge, les frais d'avocat du gagnant ne seront pas à la charge du perdant.

Même dans l'exécution du jugement, les parties ont droit à être guidées par le juge.

Les frais judiciaires sont ici très minimes.

Dans les petites affaires de dettes comme dans les affaires ordinaires, il y a un préliminaire de conciliation.

2° *Procédure civile ordinaire.* — Les affaires civiles ordinaires débutent en général par un préliminaire de conciliation devant les *Commissions conciliatrices.*

L'action doit être portée devant la Commission de conciliation du lieu du domicile du débiteur.

Les parties doivent comparaître en personne, à moins qu'elles n'en soient légalement empêchées, ou qu'elles demeurent hors de la circonscription conciliatrice et à plus de 4 milles danois (32 kilomètres) du siège de la commission.

Les parties absentes doivent se faire remplacer par un mandataire muni d'une procuration écrite.

L'accord en conciliation vaut jugement et est exécutoire au même titre.

A défaut de conciliation l'affaire est portée devant le Tribunal par voie d'assignation.

Le demandeur peut, soit se présenter lui-même, soit se faire représenter par un parent, un ami, un mandataire quelconque, ou enfin avoir recours à un avocat.

NOTA. — Les procurations des commerçants français doivent être visées par le Consul du lieu. Si la signature du commerçant n'est pas connue du Consul elle doit être précédemment légalisée par le Tribunal Civil français du domicile du mandant.

Prix du visa consulaire, 5 fr. 60.

3° *Procédure devant le Tribunal maritime et de commerce.* — Les affaires maritimes et de commerce débutent elles aussi par un préliminaire de conciliation. La tentative a lieu devant deux membres du Tribunal désigné.

On assigne à la fois en conciliation et en jugement.

La procédure suit après cela son cours normal.

4° *Procédure relative à des effets à ordre ou lettres de change.* Ici pas de préliminaire de conciliation.

Toutes les exceptions sont interdites sauf : 1° l'exception de minorité ; 2° l'incident de faux ; 3° la non observation des règles de change.

NOTA. — Les procès durent en général longtemps et coûtent assez cher. Ils nécessitent presque toujours l'assistance d'un avocat.

Les créances se prescrivent par 20 ans.

Exécution forcée des Jugements

Les jugements exécutoires et définitifs sont remis à Copenhague, à un prévôt ou huissier royal *(Kongens Foged)* ; hors de Copenhague au juge en première instance, qui fait saisir et vendre les biens des débiteurs.

Les jugements qui obligent à payer une somme d'argent *(Namsdomme)* doivent être exécutés dans l'année judiciaire (un an et six mois) sans quoi ils cessent d'être valables.

On a souvent recours aux saisies-arrêts pour assurer le paiement des créances.

DANEMARK

Copenhague

Avocats : MM. **Host** (Fr.), avocat-conseil de la Légation de France *(spécialement recommandé).* — Melling. — Hansen (Octave). — Heckscher (Dr Alb.). — Hindenbug (A.). — Simonsen. — Levin. — Levison. — Rothenborg (A.).

ESPAGNE

Droits et obligations du créancier Français en Espagne

En Espagne, tous les créanciers, étrangers ou nationaux, ont les mêmes droits pour opérer le recouvrement de leurs créances.

Aucune obligation spéciale n'existe pour les étrangers. Ceux-ci notamment n'ont d'autres cautionnements à fournir que ceux exigés des Espagnols eux-mêmes dans certaines circonstances déterminées par la loi telles que pour opérer une saisie préventive.

Le Tribunal Espagnol compétent

Il y avait autrefois en Espagne des Tribunaux de Commerce. Aujourd'hui toutes les actions, commerciales ou civiles, s'exercent devant les mêmes Tribunaux Civils.

Les Tribunaux sont les suivants :

1º *Tribunal municipal* (Juzgado municipal). — Premier degré de juridiction pour certaines affaires.

2º *Tribunal de première instance* (Juzgado ordinario.) — Premier degré de juridiction pour certaines affaires. Deuxième degré de juridiction pour les affaires jugées en première instance devant le Tribunal municipal.

3º *Cour d'appel* (audiencia provincial). — Les Cours d'appel jugent en appel les affaires jugées en première instance au Tribunal de première instance.

4º *Tribunal de cassation*. — Siègeant à Madrid, compétent pour toute l'Espagne.

En principe, en Espagne, comme en France, les actions doivent être portées au Tribunal du domicile de celui contre qui l'on plaide.

Il y a un *Tribunal municipal* et un Tribunal civil dans chaque ville d'Espagne, compétents chacun pour une certaine circonscription.

La Cour d'appel, compétente pour toute la province, siège au chef-lieu de chaque province.

C'est la nature et le montant de la créance qui décident si l'on doit tout d'abord porter une affaire devant le Tribunal municipal ou devant le Tribunal de première instance. D'une manière générale, le premier est compétent pour toute créance inférieure à 250 pesetas. Le deuxième pour toute créance supérieure à cette somme.

Dans les appels il est des cas ou l'appelant se voit obligé de fournir caution.

Pour recourir contre les sentences rendues en deuxième instance, ou dans les cas de contrainte (compelencia) il est nécessaire de constituer un dépôt de 1000 pesetas qui est perdu si l'on n'a pas gain définitif de cause. En Espagne, les arrêts d'appel sont souvent cassés par le Tribunal de cassation.

Procédure à suivre. — Indications pratiques

Devant les Tribunaux municipaux, les plaideurs peuvent se faire représenter par une personne quelconque. Les étrangers feront mieux de s'adresser à un *Procurador* ou à un *Avocat*.

NATA. — Les Procurations des commerçants français peuvent être rédigées par le Consul espagnol du lieu. Elles doivent être visées par lui.

Si la signature du commerçant n'est pas connue du Consul, elle peut être précédemment légalisée par le président du Tribunal Civil français du domicile du mandant.

Prix du visa consulaire, 11 francs.

Devant les autres Tribunaux l'intervention de ces deux officiers ministériels est indispensable.

Le *Procurador* n'est compétent que dans la circonscription du Tribunal auprès duquel il est établi.

Les *avocats* au contraire peuvent exercer dans toute l'Espagne et devant tous les tribunaux espagnols.

Le *Procurador* remplit à peu près la fonction des avoués en France, véritable fondé de pouvoirs, c'est lui qui dirige la procédure, c'est lui qui reçoit les fonds destinés, soit à constituer les dépôts de garantie exigés, soit à couvrir les frais de procédure, soit à payer les avocats, rapporteurs, huissiers, greffiers etc. Il exige également une provision ou paiement d'avance.

En Espagne les procès sont particulièrement longs et coûteux.

Les honoraires des avocats sont en cas d'exagération, soumis à la vérification du *colegio* ou conseil de l'ordre, Tout le monde doit se soumettre à la décision.

Les frais des *procuradors* sont soumis à la *taxe*.

Recommandation : En cas de procès chercher un *procurador* et un *avocat* honnêtes.

Exécution des Jugements

Les sentences rendues par les Tribunaux sont exécutoires après 10 jours, sauf opposition ou appel.

Quand la sentence est exécutoire, si le débiteur tarde à s'exécuter, il faut s'adresser de nouveau aux Tribunaux qui ont eu à se prononcer. Le *procurador* et *l'avocat* sollicitent l'exécution de la sentence.

Faillite

Comme en France on peut, dans certaines circonstances, faire déclarer un commerçant en faillite.

La procédure des faillites est très compliquée et tous les jurisconsultes reconnaissent qu'elle est insuffisante et qu'elle expose aux abus des commerçants de mauvaise foi. Ceux-ci, guidés par des agents d'affaires véreux, peuvent se moquer complètement de leurs créanciers.

ESPAGNE

Madrid

Avocats : MM. **Luis Figuerola-Ferreti,** Barquillo, 9, Prâl Izquerda, collaborateur du présent ouvrage pour l'Espagne. — Arribas de la Cantera, c. Almagro, 4. — Baena y Villanova, Florin, 8. — Fernandez Soler, Mayor, 122. — Lancha Martinez, Fuencarral, 102. — Ramos Calderon, Infantas, 13.

Avoués (Procuradores) : MM. **Pablo de Figuerola-Ferreti y Marty,** Procurador Colegiado, Barquillo, 9, Prâl.

Alicante

Avocats : MM. Morales (José). — Poveda (Juan). — Campos. — Escolano (M.).

Barcelone

Avocats : MM. Abadia y Cortina. — Broca (G.). — Duran y Bas, Gobernador, 1. — Elias. — Fasant. — Font (D. Enrique), Rambla S. Jose, 12. — Fortuny, p. s. Felipe Neri, 4.

Cadix

Avocats : MM. Arcunis (Alfredo). — Calderon (Manuel). — Peman (J.). — Sola (Luis).

Malaga

Avocats : MM. **Caffarena** (Angel), rue Marquès de Laxios, N° 6. — Diaz (Narciso). — Escobar Zaragoza.

Palma de Mallorca

Avocats : MM. Castella (Luis). — Feluí (Jean. — Ripoll (Pedro). — Sampoll y Caimari (Miguel).

Valence

Avocats : MM. Adrien y Mur (S.), Pié de la Cruz, 2. — Barrachina (V.), Serranos, 10. — Berenguer (Eduardo) Monjas, 4. — Carrera y Melia (F.), place S. L. Beltran, 2. — Cirujeda (A.), C. Sta-Teresa, 8.

Valladolid

Avocats : MM. Gomez (G.). — Gonzalez (G.).

Saragosse

Avocats : MM. Franco (L.) y Lopez, Independencia, 17. — Gil (B. J.), pl. s. Felipe, 7. — Gorriz (Bienvenido), S. Jorge, 30. — Villar (M.), Independencia, 21.

Documents manquants (pages, cahiers...)
NF Z 43-120-13

DE LA PAGE: 47
À LA PAGE: 54

GRÈCE

Droits et obligations du créancier Français en Grèce

Les commerçants étrangers, spécialement les commerçants français, ayant à recouvrer une créance sur un national grec ou sur un étranger habitant la Grèce, ont les mêmes droits que les Grecs, soit pour poursuivre leurs débiteurs devant les Tribunaux helléniques, soit pour mettre leur titres à exécution.

S'il s'agit d'une créance *commerciale*, les commerçants étrangers n'ont aucune obligation particulière à remplir. Ils sont notamment affranchis de l'obligation de fournir la caution *judicatum solvi* et cela sans distinction d'aucune sorte.

Les étrangers ne sont assujettis à cette obligation qu'en matière civile, mais seulement si le défendeur est un indigène et sur sa demande.

D'autre part, si le demandeur étranger possède en Grèce des immeubles, si partie de la dette est reconnue par le défendeur ou s'il existe un traité dispensant de fournir cette caution, l'étranger se trouve, même en matière civile exonéré de cette obligation.

Le Tribunal Grec compétent

Voyons à quels tribunaux peut avoir affaire un commerçant étranger qui veut recouvrer une créance en Grèce.

Si le débiteur poursuivi est lui-même commerçant et si la somme réclamée est supérieure à 300 drachmes (francs) c'est la *Section commerciale du Tribunal de première instance* qui est compétente (les Tribunaux de commerce ayant été supprimés par la loi de 1887) mais si la dette est inférieure à 300 drachmes (francs) c'est devant la *Justice de paix* qu'il sera assigné.

Si le débiteur poursuivi n'est pas commerçant, il devra être assigné, suivant les cas, devant la *Justice de Paix* ou devant le *Tribunal de première Instance*.

Les appels contre les jugements de la Justice de paix sont formés devant le Tribunal de première instance *section des appels*. Ceux formés contre les jugements du Tribunal de première instance, *section commerciale*, sont portés devant la Cour d'appel, *section commerciale*.

Pour pouvoir interjeter appel contre un jugement de la Justice de paix, il faut que le litige soit supérieur à 40 drachmes ; l'appel contre un jugement de la section commerciale du Tribunal de première instance n'est recevable que si le litige est supérieur à 800 drachmes. L'appel contre les jugements des autres sections du Tribunal de première instance n'est admis que si le litige est supérieur à 500 drachmes.

Procédure à suivre. — Indications pratiques

Devant les Tribunaux Grecs les seules personnes ayant qualité pour représenter les parties sont les *avocats*.

Cependant devant les sections commerciales du Tribunal de Première Instance et de la Cour d'Appel, tout citoyen Grec peut représenter un autre citoyen Grec ou un étranger à la condition qu'il soit muni d'une procuration notariée.

L'avocat rédige l'assignation, et la fait signifier par un *huissier*.

A l'audience, si l'avocat comparaît avec son client, il n'a pas besoin de procuration, mais s'il se présente devant le Tribunal comme fondé de pouvoir de son client, il doit être muni d'une *procuration notariée*.

Pour les procurations venant de l'étranger, voici les règles qui, dans la pratique, régissent la matière : Si le mandant, grec ou étranger, veut se présenter devant un consulat grec pour rédiger sa procuration, une telle procuration se trouve affranchie de toutes formalités ; mais si la procuration a été établie par devant un notaire étranger ou sous seing privé, cette procuration devra être dûment légalisée. Elle sera traduite en grec par un avocat. L'original et la traduction seront déposés chez un notaire grec qui devra dresser un acte de dépôt et remettre ensuite une expédition de la traduction en grec de la procuration qui tiendra ainsi lieu de procuration notariée.

Nota. — Les procurations des commerçants français doivent être visées par le Consul du lieu.

Si la signature du commerçant n'est pas connue du Consul, elle doit être précédemment légalisée par le Président du Tribunal Civil français du domicile du mandant.

Prix du visa consulaire, 2 fr. 40.

Le délai d'appel contre un jugement de la Justice de Paix est de 5 jours — contre un jugement du Tribunal Civil 30 jours.

Le délai pour former opposition contre les jugements par défaut est de 8 jours pour tous les Tribunaux.

Les étrangers ayant une créance à recouvrer en Grèce devront en principe s'adresser à un avocat. Vu qu'en Grèce il n'y a pas d'avoués, les avocats font presque tout. Ils se chargent des actes judiciaires et extrajudiciaires. Ils rédigent les conclusions, les développent à l'audience quand il y a lieu, donnent des consultations, etc.

Les huissiers ne font que les significations et procèdent à l'exécution des jugements, arrêts, contrats notariés....

En règle générale, voici quelles sont, dans la pratique, les prétentions des avocats : Ils font payer 10 drachmes pour une comparution devant la Justice de Paix, 25 drachmes devant le Tribunal Civil, 50 drachmes devant la Cour d'appel et 100 devant la Cour de Cassation.

Les dépenses et frais sont à la charge du client et avancés par lui.

Les frais judiciaires sont indépendants de l'importance du litige ; ainsi devant le Tribunal de Première Instance, qu'il s'agisse d'une réclamation de 350 drachmes ou d'une réclamation de plusieurs millions les dépenses, seront les mêmes.

Le coût des principaux actes de la procédure varie suivant les juridictions devant lesquelles l'affaire est portée.

Ainsi pour les justices de paix le tarif est le suivant : Assignation, 0,50. — Signification de l'assignation, 2 drachmes. — Original de l'assignation, papier timbré, 0,50. — Mise au rôle, 0,50. — Consignation, 3 drachmes. — les conclusions, papier timbré, 0,50 le rôle. — Jugement, 2 drachmes la copie d'un rôle. — 4 drachmes la copie des jugements de deux rôles, etc. — Signification du jugement, 2 drachmes. — L'opposition sur papier timbré, 0,50.

Pour les *Tribunaux de première instance*, le tarif est le suivant: Assignation 1 drachme. — Signification, 2 drachmes. — Original de l'assignation sur papier timbré, 3 drachmes. — Mise au rôle, 1 drachme. — Consignation, 11 drachmes. — Conclusions sur papier timbré, de 1 drachme le rôle. — Jugement, 2 drachmes par rôle. — Signification du jugement, 2 drachmes. — Opposition sur papier timbré, de 1 drachme. — Original sur papier timbré, de 3 drachmes. — Les ordonnances du Président, 5 drachmes. — Les requêtes sur papier timbré, de 1 drachme. — Les dépositions des témoins sur papier timbré, de 3 drachmes le rôle. — Les certificats délivrés par l'autorité judiciaire sur papier timbré, de 2 drachmes, etc. — Les significations au parquet, de 5 à 7 drachmes.

Pour la Cour d'appel, le tarif est le suivant :

Acte d'appel, 1 drachme. — Original papier timbré, de 3 drachmes. — Significations, 2 drachmes. — Mise au rôle, 2 drachmes. — Déclaration de l'appel, 2 drachmes. — Amendes, 9 drachmes, — Consignation, 26 drachmes par deux rôles: pour les rôles suivants, 10 drachmes par rôle. — Opposition, 1 drachme. — Papier timbré, de 3 drachmes. — Signification, 2 dachmes.

Pour la Cour de Cassation les frais sont à peu près les mêmes, sauf: Amendes, 90 drachmes. — Consignation, 35 drachmes.

Exécution du jugement

S'il s'agit d'un jugement décernant la *contrainte par corps*, la partie gagnante ou son avocat donne l'ordre à l'huissier de faire arrêter le débiteur et de le faire conduire en prison. — Le coût est de 15 à 25 drachmes. Les frais d'entretien du débiteur, soit 15 drachmes par mois, sont à la charge du créancier.

S'il s'agit d'un jugement ordinaire, passé en force de chose jugée, on le fait signifier par l'huissier avec commandement de payer et menace de saisir. Puis on passe à l'exécution s'il y a lieu.

Le coût approximatif d'une saisie *mobilière* est de 50 à 100 drachmes.

Le coût approximatif d'une *saisie immobilière* est de 200 à 400 drachmes. — La vente a lieu généralement 8 semaines après la saisie.

On peut aussi pratiquer des saisies-arrêts entre les mains des tiers débiteurs.

Faillite

Enfin, s'il s'agit d'un commerçant, on peut le faire déclarer en *faillite*. A cet effet, le créancier adresse ou fait adresser par son avocat une requête au Tribunal, tendant à faire déclarer en faillite le débiteur récalcitrant. Le jugement déclaratif de la faillite nomme les syndics provisoires, les syndics définitifs sont nommés dans l'assemblée des créanciers.

Une fois les créances affirmées, si l'assemblée des créanciers vote le concordat, les syndics s'adressent au tribunal pour le faire homologuer.

Tout créancier peut attaquer les jugements rendus en matière de faillite.

GRÈCE

Athènes

Avocats: MM. **Damaschino,** professeur titulaire de droit commercial à l'Université. — **Phostiropoulos** (Othon C.), professeur agrégé à l'école de droit, avocat à la Cour de Cassation, docteur en droit de la Faculté de Paris, chevalier de la Légion d'honneur, avocat conseil de la Légation française à Athènes, 4 rue du Lycée, *(spécialement recommandé).*

Le Pirée

Avocats: MM, Antoniades. — Depastas (P.). — Kassoulis (A.). — Manos (J.). — Politis (Y.). — Selas (E.). — Semitis.

HOLLANDE

Droits et obligations du créancier Français en Hollande

En général les étrangers qui veulent recouvrer une créance en Hollande ont les mêmes droits que les nationaux.

Selon l'article 152 du Code de procédure néerlandais, *tout étranger,* demandeur ou intervenant, est assujetti à l'obligation de fournir la caution *judicatum solvi* pour garantir le paiement des frais et dommages-intérêts.

Le cautionnement est dû en matière commerciale comme en matière civile, en appel comme en première instance.

Le montant du cautionnement, qui doit être fixé par le juge, si les parties ne sont pas d'accord sur ce point, est ordinairement, dans les procès devant les Tribunaux et Cours, d'environ 300 florins.

Dans les procès devant les juges cantonaux, le cautionnement exigé peut être moindre.

La loi considère comme caution suffisante : 1° la consignation d'une somme d'argent à la *Caisse des Dépôts Judiciaires.* (Les sommes consignées ne produisent que 3 % d'intérêt à partir du 60° jour de consignation) ; 2° la justification faite par l'étranger qu'il possède en Hollande des immeubles d'une valeur suffisante pour répondre de la somme requise et le consentement donné par lui qu'il soit pris hypothèque sur ces immeubles ; 3° Un gage quelconque de valeur suffisante.

Pratiquement, on remettra la somme exigée à l'avocat qui se portera lui-même caution.

La caution *Judicatum solvi* ne pourra être exigée à l'occasion des actions judiciaires intentées en Pays-Bas et relatives au contrat de transport international par les chemins de fer des états suivants : la Belgique, l'Allemagne, la France, l'Autriche et la Hongrie, la Russie et la Suisse (convention internationale de Berne du 14 octobre 1890). De même dans toute procédure relative à la navigation du Rhin, toute caution est exclue par suite d'une convention entre les états riverains.

Remarque : Exceptionnellement, les Syndics d'une faillite étrangère, n'ont pas le droit de recouvrer dans les Pays-Bas, les créances des faillis dont ils administrent les biens. Les faillis étrangers restent donc seuls compétents pour recouvrer leurs créances.

Le Tribunal Hollandais compétent

I. — Organisation judiciaire

Les affaires civiles et commerciales sont jugées en Hollande par les mêmes Tribunaux. Il n'y a pas de *Tribunaux de commerce* spéciaux.

Le royaume est divisé judiciairement en *5 ressorts de Cours de Justice*.

Chacun de ces ressorts se subdivise en *Arrondissements*. (Il y en a 23 en tout.)

Les Arrondissements se subdivisent eux-mêmes en *Cantons*. (Ii y en a 106 en tout.)

Chaque *Canton* comprend ordinairement une ville et quelques villages plus ou moins importants.

Nota. — *Amsterdam* et *Rotterdam* sont divisées respectivement en 4 et 2 Cantons.

Chaque *Canton* a son *Juge cantonal* compétent pour tout le canton et siégeant au chef-lieu.

Chaque *Arrondissement* renferme plusieurs cantons et possède un *Tribunal*, siégeant au chef-lieu et compétent pour tout l'arrondissement.

Chaque ressort de *Cours de Justice* comprend quelques arrondissements.

Les cinq *Cours* sont situées à Amsterdam, La Haye, Leeûwarden, Arnhem et Bois-le-Duc.

Enfin, au-dessus de tous ces Tribunaux, vient la Cour Suprême (*Haoge Road*), siégeant à La Haye et compétente pour tout le Royaume.

II. — Le Tribunal compétent au point de vue du lieu
(RATIONE LOCI)

Les actions *en général* doivent être portées, suivant le cas, devant le Juge ou devant le Tribunal du lieu (*canton ou ressort*) où le défendeur a son domicile.

En matière de commerce on peut, en outre, assigner devant le Juge du lieu : 1° où la convention a été faite ; 2° où la marchandise a été livrée ; 3° où le débiteur s'est engagé à payer.

III. — Le Tribunal compétent au point de vue de la nature et de l'importance du procès (RATIONE MATERIÆ)

Nous l'avons dit plus haut, il n'y a pas de *Tribunaux de Commerce* spéciaux. Dans tous les cas, par conséquent, on assignera devant les Tribunaux Civils.

Les *Juges Cantonaux* sont généralement compétents pour les demandes jusqu'à 200 florins (400 francs), savoir : jusqu'à 50 florins (100 francs) en dernier ressort et au-dessus à charge d'appel devant le Tribunal d'arrondissement.

Les *Tribunaux d'arrondissement* jugent : 1° Les appels des *Juges Contonaux*; 2° Les demandes de plus de 200 florins (400 francs), savoir : jusqu'à 400 florins (800 francs) en dernier ressort et au-dessus à charge d'appel.

Les *Cours de Justice* jugent les appels des *Tribunaux d'arrondissement*.

Les délais d'appel sont de trois mois et courent non de la signification du jugement, mais de sa date.

La *Cour Suprême* casse, s'il y a lieu, les actes, jugements et arrêts rendus en dernier ressort, de tous les Tribunaux et Cours, mais seulement pour vice de forme ou violation de la loi.

Procédure à suivre
Renseignements pratiques

Quand on invoque une convention devant un Tribunal Hollandais, celui-ci l'interprète généralement conformément à la loi du pays où elle a été faite.

Si la convention a été faite dans les Pays-Bas, ne pas oublier ce qui suit: Quand deux parties se sont engagées réciproquement à faire, à payer, ou à livrer quelque chose, si l'une d'elles refuse d'exécuter son engagement, l'autre n'a point pour cela le droit de refuser d'exécuter le sien. En le faisant, elle s'exposerait elle-même à des dommages-intérêts, dès la mise en demeure qui lui serait adressée. Et le fait que l'autre partie, s'est mise dans son tort, ne constituerait pas devant le Juge une excuse valable.

Dès qu'une partie contractante manque à ses engagements, l'autre doit, sans retard, s'adresser à un homme de loi.

— Donnons maintenant quelques renseignements sur la procédure.

Tout procès commence par une citation qui doit être signifiée au défendeur par un huissier.

Devant un *Juge Cantonal*, les parties doivent comparaître soit en personne, soit par leur fondé de pouvoirs.

Devant les *Tribunaux* et les *Cours de Justice*, les parties ne peuvent comparaître en personne. Elles doivent se faire représenter par un *procureur* (avoué).

Les *procureurs* prennent des conclusions par écrit et l'affaire peut être aussi défendue oralement.

Les *procureurs* obtiennent souvent des délais très longs. Aussi la procédure devant un Tribunal ou une Cour peut-elle durer plusieurs mois, un an et plus.

Devant la *Cour Suprême*, chaque partie doit être représentée par un *avocat*.

Sauf les affaires très simples qui viennent devant le Juge cantonal et pour lesquelles on pourrait s'adresser à un *huissier*, il faut toujours s'adresser aux *avocats* et aux *procureurs*.

Devant le Juge cantonal, celui qui représente le demandeur ou le défendeur doit être en possession d'une procuration sous-seing privé dont les frais de timbre et d'enregistrement sont en Hollande de 1 florin 42.

Pour les procès devant les *Cours* et *Tribunaux*, les *procureurs* n'ont pas besoin de procuration.

Nota. — Les procurations des commerçants français doivent être visées par le Consul du lieu.

La signature doit être précédemment légalisée par le Président du Tribunal civil français du domicile du mandant.

Prix du visa consulaire 2 francs.

Les *procureurs* sont des docteurs en droit, assermentés et accrédités, soit auprès d'un Tribunal, d'une Cour de Justice, ou de la Cour suprême. Les *procureurs* ont le droit de plaider.

Les *avocats* sont également des docteurs en droit assermentés ; ils peuvent plaider devant tous les Tribunaux du Royaume. Ils peuvent représenter les parties devant la Cour Suprême. On peut utilement les charger de se présenter dans les affaires cantonales.

Si l'on a à se plaindre d'un *avocat* ou d'un *procureur*, on peut s'adresser soit au Tribunal, soit à la Cour auprès de laquelle il est assermenté. Le Tribunal ou la Cour, sur la demande qui leur en est faite, transmettront la plainte au Conseil de surveillance ou de discipline, s'il en existe.

Aujourd'hui la plupart des hommes de loi sont à la fois *procureurs* et *avocats*. Leur titre en hollandais est alors : *den Weledelgeshengen Heer Mr*......... *advocaat en procureur te*.......

Les *avocats* et les *procureurs* correspondent en français, en anglais et en allemand.

Les *huissiers* ignorent généralement les langues étrangères.

Se défier des agents d'affaires (*Laahnaamemers*).

Frais

Pour ce qui est des frais de recouvrement d'une créance, il est difficile de donner des chiffres certains : Tout dépend de l'importance de l'affaire et de ses difficultés.

Généralement, on compte pour l'encaissement d'une créance, 10 % de la somme encaissée si elle est petite ou moyenne, 5 % pour une somme très élevée.

Les frais du procès sont à la charge de la partie qui succombe. Ces frais sont les suivants : droits de timbre et d'enregistrement, salaire du procureur, du greffier et de l'huissier. Le jugement en fixe le montant, mais comme la taxe est très modérée *une partie* des frais de la partie gagnante reste toujours à la charge de celle-ci.

Ordinairement les *avocats* et *procureurs* demandent une provision ou avance qui varie de 50 à 300 florins (100 à 600 francs).

Exécution des jugements

L'*avocat* ou le *procureur* qui a assisté le créancier étranger dans le jugement se chargera aussi de diriger l'exécution qui doit être poursuivie par voie d'huissier.

L'exécution commence par la signification du jugement avec commandement de payer dans un délai de deux jours. Si la partie condamnée ne paie pas dans ce délai, *saisie-exécution* peut-être faite des meubles et des immeubles du condamné tout à la fois ou bien séparément.

Les meubles sont vendus dans le délai de huit à quinze jours après la saisie exécution. La vente des immeubles ne peut être opérée que quelques mois après la saisie.

L'exécution d'un jugement comportera des frais nouveaux et considérables pour le jugement en forme exécutoire, la signification, le commandement, le procès-verbal de la saisie, le gardiennage des meubles (1 florin ou 1 florin 50 par jour), etc., etc.

On pratique couramment en Hollande les *saisies-arrêts* entre les mains des *tiers* comme *mode* d'exécution.

Mentionnons enfin la *contrainte par corps* (ou emprisonnement pour dettes.)

Celle-ci est formée contre tout commerçant pour dettes commerciales et contre les non-commerçants pour créances constatées par lettres de change. Cette voie d'exécution est très coûteuse puisqu'il faut payer 35 florins (70 francs) par mois pour l'entretien du débiteur emprisonné.

Celui-ci peut faire cesser son emprisonnement en provoquant sa propre *faillite*.

Saisies conservatoires

Le président du Tribunal peut autoriser un créancier à saisir à titre conservatoire les meubles ou les immeubles de son débiteur.

Au même titre, et avec même autorisation, un *créancier* peut *saisir-arrêter* entre les mains d'un tiers les sommes et meubles appartenant à son débiteur.

En donnant l'autorisation pour ces saisies, le président peut exiger que le créancier fournisse caution, ce qu'il ne manquera pas de faire si le créancier est un étranger.

Saisie-arrêt entre les mains d'un tiers peut être faite aussi sans l'autorisation du président, en vertu de titres authentiques ou d'actes sous-seing privés.

Dès que l'une de ces saisies est faite, le créancier, pour en obtenir l'homologation, doit commencer immédiatement un procès contre son débiteur.

D'après la loi Hollandaise, il est possible à un créancier, en vertu de titres authentiques ou d'actes sous-seing privé, de faire *saisie-arrêt* entre ses mains propres de tout ce qu'il doit à son propre débiteur. Naturellement il n'a intérêt à cela que lorsqu'il s'agit de deux créances réciproques non sujettes à compensation.

Faillite

La faillite d'un débiteur, *commerçant ou non-commerçant* peut être déclarée si celui-ci est en état de cessation de paiement.

L'assignation en déclaration de faillite est souvent un moyen pratique et suffisant pour se faire payer.

Si la faillite a été déclarée, les créanciers sont tenus de communiquer au syndic désigné (Curator) dans un délai indiqué par les journaux et les lettres aux créanciers connus, le détail de leurs créances, et leurs titres s'ils en ont.

Le créancier étranger fera bien de s'adresser à un avocat et de lui donner mandat de faire tout ce qui peut ou doit être fait dans son intérêt particulier, excepté de consentir un concordat, chose pour laquelle il faut se réserver le droit de donner une procuration spéciale.

Nota. — Comme on a pu le voir, le Code de Procédure Hollandais, qui date de 1838 et qui a été depuis modifié de temps en temps, est calqué en général sur le Code de Procédure Français.

PAYS-BAS

Amsterdam

Avocats-Procureurs : MM. Asser. — Simon Van der Aa (J.). — Van der Briggen (W. L.). — Cosman (C. A.). — **Boissevain,** (*spécialement recommandé*). — Deking-Dura (J.). — Van Hal (M. C.). — Henny (J. E.). — Jitta (Jos. D.). — Jolles (A. J. E.). — **Rahusen** (E. N.), (*spécialement recommandé*).

Rotterdam

Avocats-Procureurs : MM. **Reepmaker** (J. C.). — Boompjes 93, *(spécialement recommandé)*. — **Dutilh** & **Driebeek**, avocats et dispacheurs, 91, ruc Wijnhaven. — Van **Valkenburg** (M. M.), avocat, docteur en droit, 100, Wijnhaven.

Utrecht

Avocats-Procureurs : MM. Baron Taets (W. H.), van Amerougen. — Bastert (D.), Bisdom (M. C.). — Blom (G.). — De Kock. — Van der Wal Bake (W. A.). — Verhoef (A.). — Wilde (C. de). — **Van Regteren Altena,** Munsterkerkhof, 8, *(spécialement recommandé)*.

HONGRIE

Droits et obligations du créancier Français en Hongrie

Les étrangers ont, en Hongrie, au point de vue du recouvrement des créances, les mêmes droits que les nationaux. Ils ont aussi les mêmes obligations.

En principe, le demandeur étranger doit fournir caution pour le paiement des frais du procès et le coût du jugement.

Il en est dispensé, si, dans l'état auquel il appartient, les nationaux austro-hongrois sont eux-mêmes dispensés de la dite caution.

C'est le Tribunal qui, dans chaque affaire, fixe lui-même le montant de la caution. Si, au cours du procès, la somme fixée paraissait insuffisante, le défendeur pourrait en réclamer l'augmentation.

Le Tribunal Hongrois compétent

I. — Organisation des Tribunaux

Les Tribunaux Hongrois sont :

1° Les Tribunaux cantonaux (*Jarasbirosag*) composés d'un seul juge.

2° Les Tribunaux royaux, composés de 3 juges.

3° Les Cours royales, composées de 5 membres. Il y en a 11 dans tout le pays.

4° La Curie royale de Budapest.

II. — Le Tribunal compétent au point de vue du lieu
(RATIONE LOCI)

En principe, le défendeur peut être assigné :

1° Soit devant le Tribunal compétent du lieu de son domicile.

2° Soit devant le Tribunal compétent du lieu où la convention a été faite.

3° Soit devant le Tribunal compétent du lieu où le contrat doit être exécuté.

En outre, les négociants *inscrits* peuvent poursuivre le recouvrement de leurs créances devant les Tribunaux du lieu où leur comptabilité est tenue.

Quand il y a plusieurs débiteurs solidaires, on assigne au Tribunal de l'un d'eux.

III. — Le Tribunal compétent au point de vue de la nature et de l'Importance du procès (RATIONE MATERIÆ)

Les *Tribunaux cantonaux* jugent en première instance :

1º Les demandes qui ne dépassent pas 500 florins (1000 francs).

2º Les demandes pour lesquelles les parties ont accepté d'avance la compétence de ces Tribunaux.

Les Tribunaux royaux jugent :

1º En 2ᵉ Instance les appels des Tribunaux cantonaux qui se trouvent dans leur ressort.

2º En 1ʳᵉ Instance les affaires de 500 florins (1000 fr.) et au-dessus.

Les Cours Royales jugent :

1º En 3ᵉ Instance les appels des affaires jugées en 2ᵉ Instance par les Tribunaux royaux qui se trouvent dans leur ressort.

2º En 2ᵉ Instance les affaires jugées par les Tribunaux royaux qui se trouvent dans leur ressort.

La Curie Royale de Budapest constitue la juridiction de 3ᵉ Instance pour les affaires jugées en 1ʳᵉ Instance par les *Tribunaux royaux.*

Quand il s'agit d'*affaires commerciales*, les tribunaux ci-dessus sont compétents, comme pour les affaires civiles. Mais ils usent d'une procédure particulière beaucoup plus rapide que la procédure courante.

Exceptionnellement, il y a à Budapest un *Tribunal Royal de Commerce et de Change* qui a compétence pour la ville et la résidence de Budapest.

Ce Tribunal juge toutes les affaires de *traites* quelle qu'en soit l'importance.

Pour les autres affaires commerciales, il les juge également : celles au-dessus de 500 florins en 1ʳᵉ Instance, celles au-dessous de 500 florins en 2ᵉ Instance, la 1ʳᵉ devant être portée devant le Tribunal cantonal.

Procédure à suivre. — Indications pratiques

Il y a plusieurs sortes de procédures :

1º La *procédure verbale* suivie devant les Tribunaux cantonaux et en appel des jugements rendus par eux en première Instance.

2º La *procédure écrite* suivie dans presque tous les autres cas.

3º Quelques *procédures spéciales.*

1° Procédure verbale

Devant les *Tribunaux cantonaux*, les parties ont le droit de comparaître personnellement. Dans la pratique, on se fait presque toujours représenter par un avocat.

L'assignation a lieu par écrit. Elle est remise, comme plus tard le jugement, soit par le Tribunal lui-même, au moyen d'un employé, soit par l'administration municipale.

L'assignation peut même être envoyée par la poste.

Les Juges cantonaux, pour l'éclaircissement du litige, ont le droit d'entendre les parties au débat.

La prestation du serment des parties est facultative.

La sentence est prononcée sitôt les débats terminés ou dans les huit jours.

Il n'y pas d'appel possible jusqu'à 50 florins ; de 50 à 100 florins *extra dominium* on peut faire appel. Au-dessus de 100 florins *intra dominium* on le peut également, mais avec fourniture de garantie au cas où le défendeur serait condamné à faire un paiement.

En appel, la faculté de fournir de nouvelles preuves est illimitée.

Dans la procédure verbale, après le jugement en 2° Instance, il n'y a de possible que la *demande en revision*.

La révision ne suspend pas le droit de faire exécuter le jugement.

Dans les affaires au-dessous de 200 florins, la révision n'est pas admise.

2° Procédure écrite

Dans la procédure *écrite*, il est indispensable d'être représenté par un avocat.

Chaque partie fournit trois actes.

Les actes sont remis soit au Tribunal qui le constate par un procès-verbal (affaires commerciales), soit au greffe (affaires civiles, et cela dans le délai de 3 jours pour les affaires commerciales et de 15 jours pour les affaires civiles, lequel délai peut être prolongé d'autant.

Les actes remis sont communiqués à l'adversaire.

Dans les affaires de *traites*, il est remis sur demande un *ordre de paiement*.

Contre cet ordre de paiement le tiré peut présenter ses observations d'après lesquelles la date du débat est fixée.

En cas de contestation, le tiré doit fournir garantie pour le montant de la traite.

Dans la procédure écrite, l'appel est facultatif jusqu'en troisième instance.

L'instance supérieure juge sur un appel motivé basé uniquement sur la procédure faite et les preuves produites dans la précédente instance.

Les instances supérieures jugent sur le fond du dossier et des appels écrits sans entendre les parties.

Si le jugement en première instance condamne au paiement, le demandeur, en cas d'appel, pourra exiger une garantie.

Le jugement confirmé en deuxième instance donne droit au complet paiement.

3° Procédure spéciale

A l'exemple de quelques autres pays, la loi Hongroise connaît le *mandat de paiement* pour le recouvrement des créances commerciales.

A la requête des créanciers, le juge cantonal envoie au débiteur un *ordre de payer* dans les huit jours ou de faire connaître les motifs de non paiement.

En suivant cette voie, il n'y a de procès que s'il est fait des objections à la créance

S'il n'est pas fait d'objection, on peut passer de suite aux voies d'exécution forcée: saisies, etc.

Frais d'un procès

La représentation des parties devant la justice est, en Hongrie, exercée exclusivement par les *avocats*.

La loi n'a qu'une seule qualification pour les avocats et ne fait aucune distinction entre eux.

L'avocat est chargé de *tout* dans un procès. Il peut se présenter dans toutes les instances; grâce à cette unification des rôles, la procédure est moins coûteuse en Hongrie que dans les pays qui exigent une représentation compliquée.

Les avocats sont soumis à une *Chambre de discipline* qu'ils élisent eux-mêmes.

Les honoraires varient suivant l'importance du procès et le talent de l'avocat.

Dans la procédure devant les Tribunaux cantonaux et dans les affaires de *traites*, les frais des avocats sont taxés par le Tribunal.

Ces taxes donnent une idée approximative des frais ordinaires des procès.

La taxe devant les Tribunaux de Budapest est établie comme suit :

Pour une demande de 50 florins.........	3 florins	30	kr.
De 50 à 100 florins....................	5	—	50
De 100 à 200 —	6	—	50
De 200 à 500 —	10	—	
De 500 à 1000 —	14	—	

Au-dessus de 1000 florins, pour chaque somme de 1000 florins, 2 florins (non compris les frais de timbre).

Mais il faut remarquer que dans le tarif ci-dessus ne sont pas compris les honoraires proprement dits de l'avocat, lesquels varient suivant l'affaire et le talent, la réputation, les prétentions du défenseur.

Dans le tarif ci-dessus ne sont pas compris, non plus, les frais de timbre et de taxe qui varient entre 1 $^1/_2$ et 2 % de la somme litigieuse.

La partie qui succombe est condamnée à payer tous les frais du procès.

Exécution des jugements

L'exécution du jugement a lieu sur *demande écrite* de l'avocat du créancier adressée au juge cantonal sur le territoire duquel l'exécution doit avoir lieu.

Pour assurer l'exécution des jugements, il y a dans chaque Tribunal cantonal des agents nommés par le gouvernement et qui prennent le nom *d'exécuteurs judiciaires (vegrehajto)*.

L'exécuteur judiciaire a droit à une rémunération qui varie de 2 à 10 florins, suivant l'importance de la créance.

L'exécuteur saisit. Sur avis du créancier, il fixe l'époque de la vente.

L'annonce de la vente paraît au *Journal Officiel*.

Après la vente, le produit en est immédiatement employé par l'exécuteur judiciaire au paiement du créancier s'il est seul saisissant.

S'il y a plusieurs saisissants, la répartition est faite par le juge cantonal.

La récupération des créances hypothécaires a lieu par l'entremise des autorités cadastrales.

Juridiction facultative

Il y a à Budapest un *Tribunal arbitral des marchandises et valeurs de Bourse*.

Il ne juge que si les parties se sont volontairement soumises à sa juridiction.

Les sentences sont sans appel, sauf en ce qui concerne les questions de compétence pour lesquelles il est réservé un droit d'appel devant le Tribunal de deuxième Instance ordinaire et aussi devant la Cour Royale.

HONGRIE

Budapest

Avocats : MM. **Dr Pollacsek-Karoly**, Andrassy-ùt, 1, *(spécialement recommandé).* — Agoraszto (S.). — Basch (J.). — Beck (Hugo). — Bende (E.).

ITALIE

Droits et obligations du créancier Français en Italie

Le Code Civil italien (article 3), assimile les étrangers aux nationaux quant à la jouissance des droits civils. Il en résulte que les commerçants étrangers qui veulent recouvrer une créance en Italie ont les mêmes droits que les nationaux.

En Italie, l'étranger qui veut plaider n'est soumis à aucune obligation spéciale. Il n'a à fournir *ni la caution judicatum solvi*, ni aucune garantie d'autre sorte.

Le Tribunal italien compétent

I. — Organisation des Tribunaux

L'organisation judiciaire de l'Italie a beaucoup de rapport avec celle de la France.

L'Italie est divisée en 25 *ressorts de Cours d'appel*.

Les *ressorts de Cours d'appel* se subdivisent en *circonscriptions judiciaires de Première Instance*, ne correspondant pas absolument avec les arrondissements administratifs.

Les circonscriptions judiciaires de Première Instance se divisent en *mandements*.

Le *mandement* renferme plusieurs communes.

Dans chaque commune siège un ou plusieurs *conciliateurs*.

Chaque mandement est placé sous la juridiction d'un *préteur*.

Dans chaque circonscription judiciaire de Première Instance est un *Tribunal de Première Instance*. Il y en a 162 dans toute l'Italie. Dans les centres importants, le Tribunal est divisé en Chambres. Il faut toujours trois juges pour constituer le Tribunal.

Dans chaque ressort de Cour d'appel, siège une *Cour d'appel*. Il y en a 25, savoir : à Ancône, Aquila, Bologne, Brescia, Cagliari, Casale, Catane, Catanzaro, Florence, Gênes, Lucques, Messine, Milan, Naples, Palerme, Parme, Rome, Trani, Turin, Venise, et 4 sections détachées à Macrata, Modène, Pérouse et Potenza.

La Cour d'appel doit être composée de 5 magistrats pour statuer en matière civile et commerciale.

Enfin, au-dessus de tous ces Tribunaux et Cours, il y a *cinq Cours de cassation* qui siègent à Florence, à Naples, à Palerme, à Rome et à Turin.

Il y avait autrefois en Italie des Tribunaux de commerce. Ils sont maintenant abolis.

II. — Le Tribunal compétent au point de vue du lieu

(RATIONE LOCI)

En principe, une demande doit être portée devant le juge compétent *ratione valoris*, du lieu du domicile du défendeur ou du lieu où l'obligation doit être remplie.

III. — Le Tribunal compétent au point de vue de la nature et de l'importance du procès

Les conciliateurs (conciliatori) ou Juges de paix doivent avant tout tenter de concilier les parties. Ils ont compétence en matière civile et commerciale jusqu'à 100 lires (francs) savoir, en dernier ressort jusqu'à 50 francs et au-dessus à charge d'appel devant le préteur :

Les préteurs (pretori) jugent :

1º Les appels des jugements des conciliateurs.

2º Les affaires civiles et commerciales de 100 à 1500 francs.

L'appel des jugements rendus par les préteurs, a lieu devant les *Tribunaux civils*.

Les Tribunaux civils de Première Instance jugent :

1º Les appels des jugements des préteurs de leur ressort.

2º Les demandes civiles ou commerciales dépassant 1500 fr.

On suit une procédure spéciale et rapide pour les affaires *commerciales* qui, depuis l'abolition des Tribunaux de Commerce, sont dévolues aux Tribunaux civils.

Les *Cours d'appel* connaissent des appels interjetés contre les jugements rendus en première instance par les Tribunaux civils.

Chacune des 5 *Cours de Cassation* a dans son ressort le territoire de l'Etat où elle fonctionnait antérieurement à la Constitution du Royaume d'Italie. Toutefois, bien que la Cour de Rome soit de beaucoup la moins ancienne, il lui a été attribué, par diverses lois, le droit exclusif de statuer sur une série de questions importantes.

Les Cours de Cassation ne connaissent pas du fond des affaires; elles se bornent à casser pour vice de forme ou violation de la loi.

Les pourvois en cassation sont soumis aux règles ordinaires de procédure en matière civile.

Procédure à suivre. — Indications pratiques

La procédure italienne a beaucoup de rapports avec la procédure française.

On assigne, on fournit la preuve, on plaide, on obtient jugement, on poursuit l'exécution, dans les mêmes formes qu'en France. Il n'y a que des différences d'ordre secondaire.

Devant les *Conciliatori* et les *Pretori*, les parties peuvent comparaître personnellement ou se faire défendre par toute personne munie d'une procuration spéciale.

NOTA. — Les procurations des commerçants français doivent être rédigées par le Consul italien du lieu et visées par lui.

Quand les mandants sont en société commerciale, le chef de la Société doit comparaître, avec deux témoins, devant le Consul.

Si la signature du commerçant n'est pas connue du Consul, elle doit être précédemment légalisée par le Président du Tribunal Civil français du domicile du mandant.

Prix du visa consulaire 18 francs.

Devant les *Tribunaux* et les *Cours*, il faut se faire représenter par un avoué qui peut plaider lui-même ou se faire assister d'un avocat.

En général, les avoués italiens sont en même temps avocats.

En matière *commerciale* les parties peuvent aussi comparaître personnellement devant les Tribunaux. Mais cela se produit très rarement.

Les prétentions des avocats italiens, en ce qui concerne leurs honoraires, ne sont pas excessives. Elles dépendent de l'importance de l'affaire et du talent, de la réputation de l'avocat.

Les frais d'avoués sont réglés par le décret du 23 décembre 1865. Quant aux frais judiciaires, la matière est réglée : par le même décret, modifié par la loi du 29 Juin 1882 et par celle du 8 août 1895 ; par la loi sur l'enregistrement approuvée par décret du 20 mai 1897 et par la loi sur le timbre approuvée par décret du 4 Juillet 1897.

Nous ne nous étendons pas sur ces différents textes, car au moment où nous écrivons on est en train de rédiger un nouveau tarif qui modifiera profondément les règles ci-dessus.

Exécution des jugements

Pour exécuter un jugement, on le notifie à la partie perdante, avec commandement de payer sous menace de saisie mobilière dans les 5 jours et de saisie immobilière dans les 30 jours.

On procède aux différentes saisies par ministère d'huissier.

La vente se fait aux enchères publiques et la distribution a lieu suivant l'ordre arrêté par le juge.

ITALIE

Rome

Avocats : MM. Alessandri (L.). — **Cav. Annibaldi** (Enrico), avocat et avoué, rue Giulia, n° 10. — Bentivegua (F.). — Bertinelli (C.). — Carcani (M.). — Corbelli (F.). — Gozzi (F.). — Lang (F.). — Marini (C.). — Matticoli (A.). — Prudenzi (D.). — Tomassi (G.). — Scialoia (M.). — Viola (V.).

Florence

Avocats : MM. Barsanti (Olinto). — **Castellari** (Paola), avocat du Consulat de France, 16, rue de Benci, *(spécialement recommandé)*. — Corazzini (G. O.). — Grassi (Alessandro). — Siccoli (G.).

Gênes

Avocats : MM. Airoldi (A.). — Alberti (B.). — Ansaldo (P.). — Badano (G.). — Balleri (R.). — Berio (G.). — Calegari (P.).

Livourne

Avocats : MM. Ascoli (M.). — Bertelli (A.). — De Rossi (V.). Mostardi (F. V.). — Mugnai (François). — Orsini (E.).

Messine

Avocats : MM. Anza (Rug.). — Calamara (Gius.). — Catania (Ed.). — De Cola Proto (F.). — Faranda (Francesco). — **Palermo** (Gaetano), avocat à la Cour d'appel, rue Magazzini Generali, 1.

Milan

Avocats : Albasini Scrosati (Aureliano). — Alessi (G. B.). — Adamoli (C.). — Alesinia (A. B.). — Campi (E.). — Mazzoleni (A.). — Ronchetti (S.).

Palerme

Avocats : MM. Albancsse (Camillo). — Anania (Salv.). — Arena (Salv.). — Rarbera (Gius.). — Barreca (Ros.).

Turin

Avocats : MM. Ferrati (Cesare). — Giulio-Soldati. — Villa (Fausto).

NORVÈGE

Droits et obligations du créancier Français en Norvège

Au point de vue du recouvrement des créances, le créancier Français, habitant ou non la Norvège, a, en Norvège, les mêmes droits que le créancier Norvégien. En conséquence, il pourra poursuivre le recouvrement de ses créances devant les Tribunaux norvégiens compétents.

Quant aux obligations, elles sont les mêmes que pour le créancier Norvégien.

Cependant, au cas d'appel devant la *Cour suprême*, l'avocat de l'étranger (demandeur ou défendeur) est responsable des frais du procès devant cette Cour suprême. Aussi les avocats ont l'habitude de demander des provisions en conséquence.

Le Tribunal Norvégien compétent

Le droit norvégien, au point de vue de la compétence, est, comme le droit français, dominé par un grand principe : Les actions doivent être portées au Tribunal du domicile de celui contre qui l'on plaide.

Exceptionnellement, on pourra assigner *en outre* devant le Tribunal du lieu du paiement, si le paiement doit être effectué en un lieu autre que le domicile du débiteur, que cela résulte d'une clause expresse ou de l'ensemble du contrat.

En Norvège, toute ville a son tribunal. La campagne est divisée en 81 juridictions cantonales, dont chacune a son Tribunal. Ces Tribunaux, dits *Tribunaux Civils* ou *de Première Instance*, jugent les affaires civiles et commerciales, quelle que soit leur importance. La Norvège n'a pas de Tribunaux spéciaux pour les affaires commerciales.

NOTA. — On ne peut assigner devant les Tribunaux de Première Instance qu'après une tentative de conciliation non suivie d'effet devant une commission de Paix.

Au-dessus des Tribunaux de Première Instance, il y a trois *Cours d'appel* compétentes chacune pour toutes les affaires civiles et commerciales jugées par les Tribunaux compris dans son ressort. Elles siègent à Christiania, Bergen et à Trondhjem.

Au-dessus de ces trois Cours d'appel est la *Cour Suprême* siègeant à Christiania et compétente pour toute la Norvège.

Nota. — Les affaires jugées par le Tribunal de Première Instance de Christiania ne peuvent aller en appel que devant la Cour suprême.

Les Tribunaux de Première Instance jugent en dernier ressort jusqu'à 40 couronnes (60 francs), au-dessus de cette somme et quelle que soit l'importance du procès, ils ne jugent qu'à charge d'appel devant la Cour d'appel.

Il peut-être appelé du jugement d'une Cour d'appel, à la Cour suprême, si la créance dépasse 1000 couronnes (1.400 francs).

Nota. — Il ne peut être appelé des jugements du Tribunal de Première Instance de Christiania, à la Cour suprême (voir note ci-dessus), que si la créance dépasse 1000 couronnes (1400 francs).

Quand une créance a pour objet une *lettre de change*, l'appel du jugement du Tribunal civil a lieu directement devant la Cour Suprême.

Si la créance est de nature *maritime*, la cause est plaidée devant le Tribunal maritime. Elle va en appel directement à la Cour Suprême.

Procédure à suivre. — Indications pratiques

Nous venons de voir quel Tribunal il faut choisir. Recherchons maintenant quelle est, pour un étranger, la manière la plus simple pour parvenir à se faire rendre justice. A cet effet, nous examinerons l'éventualité d'un procès devant chacun des tribunaux dont il vient d'être parlé.

1° Tribunal Civil d'une ville ou d'un canton

Un créancier étranger qui veut poursuivre son débiteur devant un Tribunal Civil est obligé, s'il ne veut se présenter lui-même. — chose souvent difficile en raison de son éloignement, — d'envoyer le dossier de l'affaire à un avoué (*sayfour*) ou à un avocat. On n'a pas besoin, comme en France, de s'adresser à l'un et à l'autre.

L'avoué ou l'avocat fera comparaître un mandataire devant la commission de Paix. En cas de non conciliation, l'affaire est renvoyée devant le Tribunal civil.

Nota. — Les procurations des commerçants français doivent être visées par le Consul du lieu.

La signature doit être précédemment légalisée par le Président du Tribunal civil français du domicile du mandant.

Prix du visa consulaire 5 fr. 50.

L'avoué ou l'avocat assigne à jour fixe et dépose ses conclusions. A un autre jour fixe, l'adversaire dépose les siennes.

La procédure, ne se faisant que par écrit, est assez longue; de petits procès peuvent durer 6 mois. Pour des affaires compliquées, le procès peut durer un an et plus.

La procédure devant les Tribunaux civils est assez coûteuse (de 30 à 100 francs pour une affaire ordinaire).

Les honoraires de l'avoué ou de l'avocat dépendent de la longueur du procès, de l'importance de l'affaire et aussi du talent et de la réputation de celui à qui l'on s'adresse. Le minimum pour une toute petite affaire est de 40 à 50 francs.

Ordinairement une provision est demandée aux étrangers.

2° Cour d'appel

Pour les affaires devant la Cour d'appel, on peut s'adresser à l'avocat ou à l'avoué qui a occupé devant le Tribunal civil ou à tout autre avocat ou avoué près la Cour d'appel.

Le délai ordinaire pour interjeter appel d'un jugement du Tribunal civil est de 3 mois.

Le procédure se fait ici encore par écrit.

L'instance peut durer de 6 mois à un an.

Les autres indications fournies ci-dessus pour les Tribunaux civils sont applicables aux Cours d'appels. Les frais de justice sont un peu plus élevés.

3° La Cour suprême

Le délai ordinaire pour appeler d'un jugement d'une cour d'appel devant la Cour Suprême est de six mois.

Ici il faut s'adresser à un avocat près la Cour Suprême demeurant à Christiania.

L'affaire est présentée oralement par l'avocat. Toutefois, si le défendeur ne comparaît pas, la procédure se fait par écrit.

Exécution des Jugements

Ce sont les avocats qui en prennent soin.

Généralement un délai de 15 jours est fixé au débiteur pour se libérer.

Passé ce délai, l'avocat fait saisir par ministère d'huissier. La saisie peut porter sur les meubles, les créances et au besoin les immeubles.

Par acte d'huissier, le créancier devient détenteur des objets saisis. Il a sur eux un *droit d'hypothèque* et peut les faire vendre en vente publique. Pour les immeubles, il faudra un temps assez long.

Faillites

Quand on a en main un jugement contre un commerçant, on peut s'adresser à la *Cour des Partages* et demander qu'il soit déclaré en état de faillite.

Tous les créanciers du failli viennent alors en concours pour se faire payer sur ses biens.

Du jour de la déclaration de faillite, tous les créanciers pourront remettre à la Cour des partages leurs titres avec un bordereau indicatif des sommes par eux réclamées.

Les créances sont examinées contradictoirement entre le créancier ou son fondé de pouvoirs et le *Syndic* en présence du juge de la Cour.

Les faillites finissent souvent par un *concordat*. Le failli promet de payer une partie de la dette et est libéré pour le reste.

Si le failli n'obtient pas son *concordat*, on fait vendre ses biens que les créanciers se partagent.

Cas de fraude

En cas de vol, escroquerie, détournement, abus de confiance, au détriment d'un commerçant étranger, celui-ci n'a qu'à écrire au Procureur général du lieu où le fait délictueux s'est produit, lui demandant de poursuivre.

Si la plainte est reconnue fondée, l'accusé est traduit devant la justice : les *jurés* pour les cas graves, et, pour les délits plus légers, un *tribunal correctionnel* composé d'un juge du tribunal civil et de deux jurés.

En cas de condamnation, le commerçant étranger peut aussi demander des dommages-intérêts et cette demande n'embrouille pas trop l'affaire.

NORVÈGE

Christiania

Avocats: MM. **Aanesen** (Nils), avocat (*recouvrement des créances*). — Andersen (A.-B.), Dronningens Gade, 22, — Aubert (Otto), Kongens Gade, 29. — Bendisen (Alfred.). — Bonnevie (A.-C.-B.). — Dopp (Fr.). — Brinch et Lyche. — Eger (H.-A.). — **Knagenhjelm** (Arth.), Kongens Gade 20, (*spécialement recommandé.*). — Stang (Fr.).

Bergen

Avocats: Aarnes (A.). — Angell (Th.-W.). — Bing (R.). — Fleischer

Aalsund

Avocats: MM. Brogger (J.-W.). — Bull (J.-L.). — Devold (P.-A.). — Frisak (H.).

PORTUGAL

Droits et obligations du créancier Français en Portugal

Les créanciers étrangers qui veulent recouvrer une créance en Portugal ont absolument les mêmes droits que les Portugais pour opérer ce recouvrement.

Pour que la demande soit admise par un Tribunal portugais, il faut que le défendeur, même Portugais, ait son *domicile* ou sa *résidence* en Portugal (Code de Procédure commerciale, art. 7).

Les étrangers, commerçants ou non, n'ont aucune obligation particulière à remplir. Ils n'ont pas à fournir de caution.

Le Tribunal Portugais compétent

Pour les créances ordinaires, la demande doit être portée au Tribunal du domicile du défendeur, sauf le cas où les parties auraient choisi une juridiction conventionnelle *par acte authentique.*

Les Tribunaux sont :

1º Au point de vue civil :

a) Les *Justices de paix.* Il y en a une par paroisse.

b) Les *Comarcas,* compétentes, chacune, pour une ou deux communes. (Chaque *Comarca* a un juge qui est simultanément président du Tribunal de commerce et juge singulier en matière civile.)

c) Les *Relações* (Cours d'appel). Il y en a une à Lisbonne et une à Porto. Chacune comprend dans son ressort un certain nombre de *Comarcas.*

d) Le *Supremo Tribunal de Justiça,* qui a compétence pour toute la Monarchie.

2º Au point de vue commercial :

a) Les *Tribunaux de commerce.* A Lisbonne et à Porto ces Tribunaux sont complètement indépendants de la juridiction civile.

b) Les *Relações* (Cours d'appel). Les mêmes que ci-dessus.

c) Le *Supremo Tribunal de Justiça.* Le même que ci-dessus.

Examinons maintenant la compétence de ces divers tribunaux au point de vue de la nature et de l'importance de l'affaire.

Les Juges de Paix sont compétents jusqu'à 10.000 reis (150 francs).

Les *Comarcas* jugent en matière civile toute demande supérieure à 10.000 reis. Et ce, en dernier ressort jusqu'à 50.000 reis et au-delà à charge d'appel. Ces Tribunaux connaissent aussi des recours contre les sentences des Juges de Paix.

Les Tribunaux de commerce, composés d'un jury qui se prononce sur la question de fait, et d'un juge qui applique la loi, sont compétents pour toutes les demandes de nature commerciale, quel qu'en soit le montant.

Nota. — En Portugal la loi considère comme commerciales les ventes faites par un commerçant à un particulier pour la consommation personnelle. Les demandes relatives à ces ventes sont donc de la compétence du Tribunal de Commerce.

Les *Relações* jugent les appels des Tribunaux Civils et des Tribunaux de Commerce.

Enfin on peut recourir en *revista* (cassation) devant le *Supremo Tribunal de Justiça*, si la demande dépasse 400,000 reis.

Les recours d'*appel* et de *révista* ont lieu dans les mêmes conditions en matière commerciale et en matière civile. Cependant exceptionnellement, les Jugements du Tribunal de Commerce sont exécutoires malgré l'appel interjeté. On ne peut suspendre l'exécution que par un dépôt de garantie.

Procédure à suivre. — Indications pratiques

La procédure suivie devant les Tribunaux Portugais est assez simple. Elle est tantôt écrite, tantôt orale.

Les Tribunaux tiennent généralement deux audiences par semaine, à des jours fixés par la loi.

L'appel des affaires civiles doit être interjeté dans un délai de 10 jours après la notification du jugement.

Pour les affaires commerciales, le délai d'appel est également de 10 jours, mais il n'y a pas de notification. Le délai court donc du cinquième jour écoulé depuis la publication du jugement.

Pour le recours contre un jugement rendu en 2ᵉ instance, les mêmes règles sont observées.

Pour engager un procès, on peut indifféremment s'adresser à un *Avocat* ou à un *Solicitador*.

Les avocats jouent, en Portugal, à peu près le même rôle qu'en France.

Le *Solicitador* portugais correspond à la fois à l'avoué et à l'agréé français. Il exerce ses fonctions devant les Tribunaux civils et de commerce, en première Instance, en Cour d'Appel, devant le Tribunal Suprême. Il est responsable de la procédure qu'il a engagée, de ses fautes, de ses erreurs, de ses négligences.

Les huissiers n'ont aucun pouvoir de représenter les parties.

Les prétentions des avocats varient entre 25 et 250 francs pour chaque pièce écrite; et entre 50 et 500 francs pour participation à un acte de procédure où leur présence est nécessaire. Il va sans dire que les honoraires se subordonnent à la valeur et à l'importance de l'affaire et aussi à l'importance que l'avocat se donne lui-même. Le *Solicitador* surtout est à même de faire le choix de l'avocat qui convient à la nature de l'affaire.

Quant aux honoraires des *Solicitadores*, les choses se passent autrement. Leurs émoluments consistent en un salaire mensuel, variant entre 15 et 30 francs et 2 fr. 50 à 5 francs pour chaque requête civile. La présence du Solicitador à l'audience se paie à part, à raison de 5 francs l'heure.

Les *Solicitadores* demandent généralement des provisions.

Un procès ordinaire, sans enquêtes ou expertises hors de la juridiction, peut coûter en totalité de 300 à 500 francs en première Instance. Autant en Appel. Autant en Cassation s'il y a lieu.

Exécution des Jugements

Dans les procès civils, une fois le jugement passé en force de chose jugée, on peut faire exécuter.

Dans les procès commerciaux, la même règle est observée, sauf à Lisbonne et à Porto où les Tribunaux de commerce ne peuvent faire exécuter leurs propres sentences. L'exécution doit être demandée aux Tribunaux civils.

Notification est faite à la partie condamnée d'avoir dans le délai de 10 jours à payer ou à assigner des biens à la saisie-exécution.

Ce délai étant écoulé sans résultats, le créancier choisit lui-même les biens qu'il veut faire vendre, meubles ou immeubles. Le Juge ordonne la saisie. La vente se fait au Tribunal, aux enchères publiques, sous la présidence du Juge.

Le créancier saisissant est payé sur le produit de la vente, après les créanciers privilégiés s'il y en a.

Faillite

Si le débiteur est commerçant et la créance commerciale, on peut s'adresser au Tribunal de Commerce pour faire déclarer la faillite du débiteur.

Le créancier doit prouver que le débiteur est en état de cessation de paiement.

Les créanciers chirographaires ou privilégiés ont 20 jours pour faire valoir leurs droits.

Le Tribunal, en une seule audience, vérifie et classe les créances et privilèges.

Ensuite on procède à la liquidation des biens du failli. On paie les créances privilégiées et on distribue le restant au *prorata*.

Après la liquidation, le Tribunal doit qualifier la faillite et dire si elle est *casuelle, coupable* ou *frauduleuse*. Dans les deux derniers cas, le Tribunal de Commerce a compétence criminelle pour appliquer au failli la peine prescrite par le Code.

Le failli peut obtenir un concordat. Le concordat oblige tous les créanciers s'il est accordé par les 3/4 des créanciers représentant les 2/3 du montant total des créances, ou par les 2/3 des créanciers représentant les 3/4 de la même somme.

Ce concordat ne peut être homologué si le débiteur n'a offert paiement d'au moins 50 % de ses dettes non privilégiées.

Les fonctions de syndic sont exercées en Portugal par un *Administrador* (administrateur) nommé par le Tribunal.

PORTUGAL

Lisbonne

Avoués : MM. **Falcao** (C. A.), avoué et agréé devant tous les tribunaux de Lisbonne; Rue Crucifixo, 31, sobre-loja, (*collaborateur du présent ouvrage pour le Portugal*). — João Augusto Ribeiro Guimarães, 226, rue dos Fanqueiros, 1º.

Avocats : MM. Luciano Monteiro, 24, R. Nova de Almada 1º. — Joaquim M. Penha e Costa, rue Aurea 75, 2º.

Porto

Avocats : MM. Braga (Alexandre), r. do Principe, 143. — Cerqueira Gomes (J. M.), Rua Flores, 216. — Guilherme A. Souza, Rua Sta Catharina, 255. — Moreira de Fonseca (J.), r. Sta Catharina, 233.

ROUMANIE

Droits et obligations du créancier Français en Roumanie

Au point de vue du recouvrement des créances, le commerçant français a en Roumanie, les mêmes droits que les créanciers Roumains

En matière *civile*, le Français demandeur résidant hors de Roumanie, peut être obligé de fournir la caution *judicatum solvi*. Le cautionnement peut être remplacé par des garanties équivalentes.

En matière *commerciale*, le Français est affranchi de la caution.

Le Tribunal Roumain compétent

En Roumanie comme en France, en principe, les actions doivent être portées devant le Tribunal du lieu qu'habite celui contre qui l'on plaide.

L'organisation judiciaire comprend, comme en France, les Justices de paix, les Tribunaux civils ou de Première Instance, les Cours d'appel et la Cour de Cassation.

Les *Justices de paix* sont *de circonscriptions* ou *communales.* On en compte 130.

Chaque *district* possède un *Tribunal civil* ou *de Première Instance*, compétent pour tout le district. On en compte 22.

Chaque ressort de Cour d'appel possède une *Cour d'appel* compétente pour tout le ressort. On en compte 4 seulement situées, à Bucarest, Jassy, Galatz et Craïova.

La Cour de Cassation, siège à Bucarest.

Les Tribunaux civils du royaume font fonction de Tribunaux de commerce pour juger les affaires commerciales.

A Bucarest, les affaires commerciales sont jugées par une section spéciale du Tribunal civil.

Pour les affaires civiles, par exemple des fournitures de marchandises par un commerçant Français à un particulier Roumain, il faudra s'adresser :

1° *Aux juges de paix.* — Ceux-ci jugent en dernier ressort jusqu'à 200 francs et à charge d'appel jusqu'à 1500 francs.

2° *Aux Tribunaux civils de Première Instance.* — Ceux-ci jugent, les appels des justices de paix, les actions civiles non déférées aux justices de paix en dernier ressort, jusqu'à 1500 fr., au-dessus à charge d'appel.

3° *Aux Cours d'appel* qui connaissent des appels des Tribunaux de Première Instance.

4° *A la Cour de Cassation* qui a même fonction qu'en France.

Pour les affaires commerciales, les Tribunaux civils, faisant fonctions de Tribunaux de commerce, les jugent en dernier ressort jusqu'à 1,500 francs, — au-dessus de cette somme, à charge d'appel devant les Cours d'appel. — Le délai d'appel pour ces affaires est de deux mois.

Procédure à suivre — Indications pratiques

Le commerçant français qui voudra se faire rendre justice en Roumanie, devra tout d'abord et pour n'importe quelle instance constituer un avocat, en lui envoyant, avec les pièces de son procès, sa procuration visée par l'autorité consulaire Roumaine en France, dans la circonscription de laquelle se trouve son domicile.

Nota. — Prix du visa consulaire 5 francs.

L'avocat roumain cumule les fonctions de l'avocat et de l'avoué français.

La procédure devant les Tribunaux de Première Instance est comme en France, longue et coûteuse.

Les instances se périment *par deux ans* depuis le dernier acte de procédure,

Les honoraires des avocats sont élevés. Il n'existe pas de tarif légal. Aussi le commerçant français devra-t-il s'entendre *d'avance* avec l'avocat qu'il aura choisi pour la fixation de ses honoraires.

L'avocat roumain peut plaider devant tous les tribunaux de son pays, même la Cour de Cassation.

Les Tribunaux de première Instance, fonctionnant comme Tribunaux de Commerce, connaissent avons-nous dit des procès entre commerçants.

Les créances des commerçants français peuvent résulter de simples factures ou de traites acceptées.

Dans le 1ᵉʳ cas, le Tribunal peut exiger la preuve de la commande et celle de l'envoi des marchandises objet du litige. Toute pièce produite devant le Tribunal doit être légalisée par l'autorité consulaire roumaine en France.

. Quant aux traites acceptées et impayées, le commerçant doit les faire protester, puisque les intérêts courent du jour du protêt.

Mais il est tout à fait *inutile* à nos commerçants français de faire protester une traite non acceptée, car les autorités roumaines n'en exigent jamais le paiement. Et d'autre part, le coût du protêt soit environ 12 fr. 50 ne peut jamais être réclamé au débiteur. C'est une perte sèche.

Les actions relatives à des lettres de change, chèques, billets à ordre, se prescrivent par 5 ans.

En matière commerciale, la prescription ordinaire est de 10 ans sauf exceptions.

Quand un jugement est intervenu, la prescription est de 30 ans.

Exécution des jugements

L'exécution forcée des jugements a lieu par voie d'huissiers qui sont, en Roumanie de simples fonctionnaires attachés aux tribunaux.

Faillite

Quand on a en mains une *traite acceptée* impayée, on peut assigner le tiré en déclaration de faillite. La procédure est très rapide. En 48 heures une faillite peut être prononcée.

Tous les créanciers viennent en concours pour se faire payer. Ils doivent remettre au greffier du Tribunal par l'intermédiaire de leur avocat, leurs titres de créance avec un bordereau indicatif des sommes réclamées par eux. Les créances sont examinées contradictoirement.

Les faillites finissent souvent par un *concordat*. Mais le dividende accordé par le commerçant ne peut être inférieur à 40 %.

Cas de fraude

En cas de vol, détournement de marchandises, abus de confiance, au détriment d'un commerçant français, celui-ci doit constituer un avocat et lui faire déposer une plainte au parquet du lieu où le fait délictueux s'est produit, aux fins de poursuites de droit.

ROUMANIE

Buoarest

Avocats : MM. **Antonesco** (Antoine), rue Régala 11 bis. — Athanasovici (V.). — Boursan (G.-G.). — Costa-Foro (C.-G.), 3, allées de la Métropole. — Ganesco (B.), 36, Str. Dorobantilor. — **Gesticene** (Filip-J.), 7, rue Caragheorghievitche, 7. — Grunberg (D.), — Horia (C.-A. Rosetti), rue Sperantee 20. — Mille (C.),

Braila

Avocats : MM. Fotin (Constantin-G.). — Margaritesco (Démètre).

Galatz

Avocats : MM. Plesnila (C.-G.). — Ressu (C.).

RUSSIE

Préliminaire

Les lois de procédure russe à l'heure où nous écrivons (Mai 1898) sont sur le point d'être profondément modifiées.

Une Commission présidée par le Ministre de la Justice a élaboré un projet de loi qui apporte des changements considérables au Code en vigueur et qui sera soumis sous peu aux délibérations du Conseil de l'Empire.

Dans ces conditions, il serait parfaitement inutile de nous attarder à une législation qui disparaît. Nous nous bornerons donc à donner quelques rapides indications.

Droits et obligations du créancier Français en Russie

Les étrangers peuvent faire valoir leurs droits et réclamations devant les Tribunaux russes dans les mêmes conditions que les nationaux.

Seulement les étrangers qui ne possèdent pas d'immeubles en Russie, sont astreints à fournir la caution *judicatum solvi*, lorsqu'ils sont demandeurs devant les Tribunaux civils.

Cependant le traité de navigation et de commerce, signé entre la France et la Russie le 1er Avril 1874 (Bulletin des Lois n° 209-1874) stipule en faveur des Français le *libre accès* auprès des Tribunaux Russes.

De plus, une convention diplomatique récente entre les mêmes pays affranchit les Français en Russie et les Russes en France, de l'obligation de fournir la caution *judicatum solvi*.

Le Tribunal russe compétent

I. — Organisation des Tribunaux

On distingue en Russie les juridictions suivantes :

1° Les Justices de Paix ;

2° Les Tribunaux d'arrondissement qui correspondent aux Tribunaux civils français ;

3° Les Cours d'Appel ;

4° Les Tribunaux de Commerce qui sont au nombre de 8 seulement. Il est question d'en supprimer quelques-uns.

II. — Le Tribunal Compétent au point de vue du lieu
(RATIONE LOCI)

En matière de recouvrement de créances et d'une manière générale en matière personnelle et mobilière, les demandes doivent être portées devant le Tribunal du lieu du domicile du défendeur.

III. — Le Tribunal Compétent au point de vue de la nature et de l'importance du procès. (RATIONE MATERIÆ.)

Les *Juges de paix* connaissent des contestations dont l'importance ne dépasse pas 500 roubles.

Les *Tribunaux d'arrondissement*, en matière personnelle et mobilière ont la connaissance des contestations qui excèdent la compétence des *juges de paix*.

Dans les localités où il existe un *Tribunal de commerce* ce Tribunal juge les contestations commerciales.

Mais il est à noter, que c'est l'objet et la nature commerciale du *litige* et non la qualité de *commerçants* appartenant aux parties, qui détermine la compétence des Tribunaux de commerce.

A noter aussi que la compétence des *Tribunaux de commerce* ne s'étend pas au delà de la ville où ils siègent et du district, dépendant de cette ville.

Dans les villes ou districts où il n'existe pas de *Tribunaux de commerce*, les *Juges de paix* ou les *Tribunaux d'arrondissement*, suivant le cas, statuent sur les contestations de nature commerciale.

Indications pratiques

La loi Russe n'a pas institué d'avoués.

Les parties sont admises à se présenter elles-mêmes devant les Tribunaux, sans l'assistance de personne.

Elles peuvent aussi se faire représenter.

NOTA. — Les procurations des commerçants français doivent être établies en double exemplaire et visées par le Consul russe du lieu. Un exemplaire reste au consulat.

La signature doit être précédemment légalisée par le président du Tribunal civil français du domicile du mandant.

Prix du visa consulaire, 8 francs.

Devant les Tribunaux civils par des *avocats à la Cour d'appel*.

Devant les Tribunaux de commerce par des *avocats agréés* par ces tribunaux.

RUSSIE

Moscou

Avocats : MM. **Biske** (Léon), Avocat du Consulat de France, Miasnizkaia, maison Voronine. — Broune (Michel J.), Pretchistenka, ruelle Troitzka, maison Smirnof. — Gravé (Alex.). — Mattern (Eug.). — Von Stein (Louis). — Plevako. — Strauss (J. J.). — **Schweitzer** (Alexandre Ed.), rue Twerskaja.

Odessa

Avocats : MM. **Antonini** (De), licencié en droit, avocat du Consu'at de France. — Gambourger (A. M.). — Koupernik (L. A.). — Metchnikof (N. Y.). — Reingertz (E.). — Rosen (C. E.). — Tictine (C. G.).

Kharkoff

Avocats : MM. Belikoff. — Heneles (N. B.). — Lewinson. — Liban. — Smirnitzki. — Tchichewski. — Tchoueff. — Yanson.

Helsingfors (FINLANDE)

Avocats : MM. Castrén & Snellmann (affaires juridiques et encaissements). — Finska (Litiges. Encaissements. Représentation dans les faillites). — Jansson & Sundman (Litiges, recouvrements, encaissements). — Mannerheim (Comte) fils (Litiges, encaissements). — Polon (Eduard) (Affaires commerciales. Litiges. Encaissements). — Svanljung (Affaires commerciales. Litiges. Encaissements). Tauler & Henricius.

Varsovie (POLOGNE)

Avocats : MM. **Rodzyn** (Simon), avocat assermenté, rue Krolewska, 16. — Dziewulski (Henryk), rue Trembackor, 11. — Jasinski, rue Dluga, 32. — Kigewski, rue Bielanska, 6. — Lange (Joseph). — Piaskowski (Antoine). — Zielinski (Teofil), rue Elektoralna, 28.

SUEDE

Droits et Obligations du Créancier Français en Suède

Les étrangers et spécialement les Français ont les mêmes droits que les nationaux pour le recouvrement des créances en Suède.

Sur la demande de la partie adverse, l'étranger est tenu de fournir caution de deux sujets Suédois solvables et habitant la Suède, pour les frais de procès et dommages-intérêts possibles.

L'incident doit être soulevé à la première audience.

Pour des créances se fondant sur des *lettres de change acceptées*, la caution n'est pas nécessaire. Il y a donc grand intérêt pour les commerçants étrangers à faire accepter leurs traites, ne serait-ce qu'à ce point de vue.

Les Tribunaux Suédois

Il y a dans toutes les villes un Tribunal de première Instance dit « *Radstufvurätt* ».

La campagne est divisée en un certain nombre de juridictions dont chacune à son Tribunal de première Instance « *Häradsrätt* ».

Ces Tribunaux sont communs aux nationaux et aux étrangers.

Au-dessus des Tribunaux de première Instance sont les Cours d'Appel « *Hofrätt* », au nombre de trois pour tout le pays.

Au-dessus des Cours d'Appel est la Cour de Cassation « *Högsta Domstolen* » qui juge en troisième Instance et siège à la capitale du royaume.

Ces différents Tribunaux jugent toutes les affaires civiles et commerciales.

Il n'existe pas en Suède de Tribunaux analogues à nos Tribunaux de commerce.

Procédure à suivre. Indications pratiques

Pour se faire rendre justice devant les différents Tribunaux qui viennent d'être énumérés, l'étranger doit s'adresser à un avocat Suédois et lui envoyer les documents sur lesquels il fonde sa prétention.

6

Il y a des avocats dans toutes les villes de quelque importance. Ils sont autorisés à plaider devant tous les Tribunaux du pays.

Il n'existe aucune taxe pour les honoraires des avocats. Mais comme règle générale, un procès en Suède coûte moins cher que dans les autres pays d'Europe.

Voici à titre de renseignement le prix de quelques actes de procédure :

Une citation coûte 2 fr. 80. Sa signification 1 fr. 40 dans les villes. A la campagne c'est un peu plus cher, à cause du domicile de la personne citée, souvent assez éloigné du siège du Tribunal.

Les procès-verbaux de chaque audience et les sentences des Tribunaux de première Instance coûtent 4 fr. 20, 7 fr., 10 fr. etc... Cela dépend du nombre de rôles qui y sont contenus.

Les sentences des Cours d'Appel coûtent 14 fr. et celles de la Cour de Cassation 28 fr.

Nota. — Pour des raisons qu'il serait trop long de relater ici, un plaideur, suédois ou étranger, ayant un procès en Suède, ne peut jamais, quoique gagnant, avoir ses frais totalement couverts par la partie adverse.

Exécution des jugements

Dès qu'une sentence est définitive, on n'a qu'à la remettre à *l'exécuteur des saisies*, qui fait le nécessaire.

L'avocat qui s'est chargé du procès, se charge aussi de faire exécuter dans les formes légales.

SUÈDE

Stockholm

Avocats : MM. **Uddenberg** (Ernst), Consul Général de Grèce, avocat devant tous les Tribunaux et Cours de Suède, place Brunkeberstorg n° 12. — Herlitz (L. G.). — Hellberg (Carl). — Hertzman (A.). — Sparre (E.). — Setterwall (Nils). — Winroth (W. F.).

Gothembourg

Avocats : MM. Bring (Ernst). — Dalheiner (F.). — Frans Almen. — Forsell (O. M.). — Mannheuner (Otto).

Malmœ

Avocats : MM. **Berghman** (A. T.), Agent Consulaire de France, Kalendegatan n° 15, — *(spécialement recommandé)*. — Bends (P.). — Loven (C. H.).

SUSSE

—

Droits et obligations du créancier Français en Suisse

Au point de vue du recouvrement des créances, les droits du créancier Français sont les mêmes que ceux du National Suisse.

Il résulte de l'article 13 de la convention entre la France et la Suisse, que, dans certains cantons, les Français, demandeurs auront à fournir la caution *judicatum solvi*. Dans d'autres cantons elle sera inutile.

Le Tribunal Suisse compétent

L'organisation de la justice, les Tribunaux, les lois de procédure varient avec chaque *canton*.

De la convention entre la France et la Suisse, il résulte que dans toutes les contestations en matière mobilière et personnelle, civile ou de commerce, s'élevant entre nationaux des deux pays, le demandeur sera tenu d'intenter son action devant les juges naturels du défendeur, c'est-à-dire devant le Tribunal du lieu de son domicile.

Si néanmoins l'action a pour objet l'exécution d'un contrat consenti par le défendeur, dans un lieu situé soit en Suisse, soit en France, hors du ressort des dits juges naturels, elle pourra être portée devant le juge du lieu où le contrat a été passé, si les parties y résident au moment où le procès sera engagé.

En cas d'élection de domicile dans un lieu autre que celui du domicile du défendeur, les juges du lieu du domicile élu seront seuls compétents pour connaître les difficultés auxquelles l'exécution du contrat pourra donner lieu.

Au point de vue de la nature et de l'importance du procès, la compétence des Tribunaux varie suivant les cantons.

Dans les causes civiles, jugées par les Tribunaux cantonaux en application des lois fédérales, ou qui appellent l'application de ces lois, le Tribunal fédéral siégeant à Lausanne peut être saisi par voie de recours en réforme si l'objet du litige est de fr. 2000 au moins.

Indications pratiques

Pour faire valoir des droits litigieux devant un Tribunal Suisse d'un canton quelconque, il faut s'adresser à un *Avocat* du canton où le débat a lieu.

En Suisse il n'y a pas d'*Avoués*.

Les frais et honoraires ne varient pas sensiblement d'un canton à l'autre. Les frais judiciaires surtout sont en général moins élevés qu'en France.

Poursuite pour dette. — Faillite

Depuis le 1ᵉʳ janvier 1892, une loi nouvelle *exécutoire* pour tous les cantons est entré en vigueur. Beaucoup de pays peuvent l'envier à la Suisse. En voici les lignes principales :

Il y a dans chaque canton un *préposé à l'office des poursuites,* chargé des poursuites pour dettes et un *préposé à l'office des faillites*, chargé de l'administration des faillites.

L'office des poursuites, remplit en Suisse la fonction dévolue en France aux huissiers pour les actes relatifs à l'exécution forcée.

Toute localité importante est pourvue d'un office de poursuites.

Le créancier qui veut poursuivre son débiteur adresse à *l'office des poursuites* une réquisition suivant la formule ci-après :

RÉQUISITION DE POURSUITES

A l'Office des poursuites pour la commune de..... canton de.....
Débiteur.....
Créancier.....
Mandataire du créancier (et domicile élu en Suisse par le créancier demeurant à l'étranger).....
Montant de la créance..... avec intérêt a...... % du.....
Titre et date de la créance ou cause de l'obligation.....
Montant de l'avance de frais faite par le créancier.....
Observations.....

Nota. — Les procurations des commerçants français doivent être visées par le Consul suisse du lieu.

La signature doit être légalisée par le président du Tribunal civil français du domicile du mandant.

Prix du visa consulaire, 5 francs.

En Suisse on peut poursuivre même sans titre exécutoire. Il suffit d'adresser sa réquisition à l'office du domicile du débiteur.

Dans les 10 jours du *commandement de payer*, signifié par l'officier, le débiteur peut faire *opposition*, ce qui suspend la poursuite.

Le créancier à la poursuite duquel il est fait opposition agira par la voie de la procédure ordinaire pour faire reconnaître son droit.

Lorsque la poursuite est fondée sur un jugement exécutoire, le créancier peut demander la main-levée définitive de l'opposition.

Lorsque la poursuite est fondée sur un titre exécutoire authentique ou sous seing privé, le créancier peut demander la main-levée provisoire de l'opposition.

Quand la question de l'opposition est vidée, le créancier peut requérir la *continuation de la poursuite*.

À cet effet nous distinguons deux modes de *poursuites*, le premier applicable aux particuliers (poursuite à fin de saisie); le deuxième applicable aux commerçants (poursuite à fin de faillite).

C'est le *préposé* qui détermine le mode applicable, selon la qualité du débiteur.

Les créanciers qui requièrent la saisie dans les trente jours, après une première saisie, participent à celle-ci

Le droit de requérir la saisie est périmé par *un an*, à dater du commandement de payer et le créancier peut requérir la vente des biens saisis, un mois au plus tôt et un an au plus tard après la saisie, s'il s'agit de meubles ou créances ; s'il s'agit d'immeubles six mois au plus tôt et deux ans au plus tard après la saisie.

En Suisse on ne connaît pas la saisie-arrêt. Les créances sont saisies comme les autres biens.

Contre les commerçants, la procédure se continue par la *commination de faillite* qui est un avertissement donné au débiteur, que le créancier pourra requérir sa faillite à l'expiration d'un délai de vingt jours.

La faillite est déclarée au vu du commandement de payer et de l'acte de commination, et le droit de requérir la faillite est périmé par *un an* à partir du commandement de payer.

En outre, les commerçants sont soumis à une poursuite spéciale, lorsqu'ils sont obligés par leur *signature sur un effet de change*. Dans cette poursuite, le délai de paiement est réduit à *cinq jours*, et passé ce délai, le créancier peut requérir la faillite sur la simple production de son titre, du commandement de payer et, le cas échéant, du jugement écartant l'opposition. Le droit de requérir la faillite est ici périmé par *un mois* à dater du commandement de payer.

SUISSE

Bâle

Avocats : MM. Burckhardt (E.). — Scheurmann. — Wieland (Karl). — Albrecht (J.). — Alioth (A.). — Bertschi. — Bieder. — Bischoff (E.). — Blanchet. — Christ. — Feigenwinter (E.). — Förter (H.). — Göttisheim (E.). — Grünenger.

Berne

Avocats : MM. Aebi et Hänni, avocats et avoués, 21, place de l'Ours. — Hahn (O.). — Jenner (Eug.). — D^r Kœnig (G.), 8, rue de la Préfecture. — Moser (F.), *recouvrements et contentieux.* — Stooss (A.), rue du Marché, 59.

La Chaux-de-Fonds

Avocats : MM. **Monnier** (A.), (collaborateur du présent ouvrage pour la Suisse). — Bersot (A.). — Delachaux — **H. Lehmann et A. Jeanneret,** avocats et notaires, 32, rue Léopold-Robert. — Derrochet (E.). — Sandoz (Ch.). — **Cuche** (Jules), docteur en droit, 26, rue Léopold-Robert (*téléphone*).

Fribourg

Avocats : MM. Bellenot (J.), rue de Lausanne. — Broye. — Cosandey (J.), rue de Lausanc. — Egger (Charles), Grand'Rue, 9. — Girod (E.). — Uldry (J.).

Genève

Avocats : MM. **Moriaud** (Pierre), avocat, rue de la Tour de l'Ile, 2. — **Raisin** (Fr.), avocat du Consulat de France, 30, rue du Rhône. — **Vuille** (Charles), rue de la Corraterie, 22. — Fazy (M. G.). — Gautier (Alfred). — Lachenal (Adrien). — Martin (V.-Célestin). — Odier (Edouard). — Rusty (Jacques).

Zurich

Avocats : MM. Erest. — Giesker (H.). — Guggenheim (H.). — Honegger (H.). — Meyerhans (A.). — Tondury (D^r).

TURQUIE

Préliminaires

Il y a, en législation ottomane, une double procédure : la *procédure civile* et la *procédure commerciale*.

La différence entre elles ne tient pas, comme en législation française, à l'existence de deux juridictions distinctes, la juridiction civile et la juridiction commerciale.

La *procédure civile* est la procédure des Ottomans entre eux aussi bien devant les Tribunaux de commerce que devant les Tribunaux civils.

La *procédure commerciale* est la procédure entre *Ottomans et étrangers*, abstraction faite du caractère commercial ou civil du litige.

Ici donc les mots n'ont pas leur valeur propre.

La *procédure commerciale*, la seule dont nous ayons à nous occuper ici, offre de grandes analogies avec la procédure française commerciale et civile ; elles sont à proprement parler la reproduction presque complète l'une de l'autre.

Droits et obligations du créancier Français en Turquie

Les étrangers commerçants ou non commerçants, jouissent, en Turquie, pour les recouvrements des créances, des mêmes droits que les nationaux eux-mêmes. Ils n'ont aucune caution ni garantie à fournir quand ils plaident devant les Tribunaux Turcs.

Le Tribunal Compétent

Les Tribunaux compétents pour juger les litiges entre sujets ottomans et étrangers, commerçants ou non, sont, dans presque tous les cas, les *Tribunaux de Commerce mixtes*.

Les *Tribunaux de Commerce mixtes* sont des Tribunaux d'exception institués aux termes des capitulations pour connaître des contestations entre étrangers et sujets de sa Hautesse seulement. Ils réunissent en eux la double compétence civile et commerciale. Leur organisation actuelle n'est pas absolument celle prévue aux capitulations.

Ils se composent aujourd'hui, chacun, d'un président Ottoman et de quatre Juges dont deux de la nationalité de la partie étrangère assistés du drogman de leur Consulat.

Le rôle du drogman se limite au droit pour lui de contresigner les décisions rendues; il n'a voix ni délibérative, ni consultative.

Les Tribunaux mixtes sont assez répandus dans l'empire Ottoman. Il en existe un à Constantinople et plusieurs autres en divers points du territoire, notamment dans les chefs-lieux.

Celui de Constantinople juge toujours en dernier ressort. Ceux des provinces jugent en dernier resssort les demandes dont le principal n'excède pas la somme de cinq mille piastres, bonne monnaie, soit environ 1150 francs, et à charge d'Appel devant le Tribunal de Constantinople les demandes qui dépassent cette somme.

Le Tribunal compétent au point de vue du lieu (RATIONE LOCI) et au point de vue de la nature et de l'importance du procès (RATIONE MATERIÆ).

L'étranger demandeur doit porter sa demande devant le *Tribunal de Commerce mixte* du domicile du défendeur — à défaut de domicile devant celui de sa résidence, — à défaut de domicile et de résidence devant le Tribunal du lieu où la promesse a été faite et la marchandise livrée, ou devant celui dans l'arrondissement duquel le paiement devait être effectué.

S'il y a plusieurs défendeurs, devant le Tribunal du domicile de l'un d'eux.

Les demandes formées par les créanciers d'un défunt seront portées, avant le partage de la succession, devant le *Tribunal de Commerce mixte* du lieu ou la succession est ouverte — après le partage, devant celui du domicile de l'un des héritiers défendeurs.

Le *Tribunal de Commerce mixte*, comme il a été dit plus haut, est presque toujours compétent, qu'il s'agisse d'affaires commerciales ou d'affaires civiles; cette compétence reçoit une triple restriction :

1º Si en matière civile la contestation entre étrangers et ottomans, porte sur une valeur inférieure à 1000 piastres (la piastre est de 22 centimes) le Tribunal compétent pour en connaître est le *Tribunal de première Instance indigène* du domicile du défendeur.

2º En matière *immobilière* qu'il s'agisse de contestations entre étrangers et nationaux ou entre étrangers seulement, voire de la même nationalité, le Tribunal compétent est toujours le *Tribunal de première Instance indigène* du domicile du défendeur ou de la situation de l'immeuble au choix du demandeur.

3° Le Tribunal compétent pour déclarer la faillite d'un commerçant étranger, domicilié en Turquie, est celui de son *Consulat*.

Signalons pour être complet, que le Tribunal compétent entre étrangers est le *Tribunat consulaire* du défendeur.

Procédure à suivre

Pas de citation en conciliation, pas plus en matière civile qu'en matière commerciale.

L'Instance s'introduit par *requête* signée du demandeur ou de son fondé de pouvoirs et faite sur papier timbré.

Le demandeur étranger l'adresse en triple à son Consulat et celui-ci en saisit le *Tribunal de commerce mixte* par l'intermédiaire de l'Autorité supérieure locale.

La requête est accompagnée ou suivie d'une assignation.

On ne peut assigner à moins de huit jours francs, sauf en matière requérant célérité.

Au jour fixé, les parties sont tenues de comparaître (sauf excuses légalement constatées) en personne ou par le ministère d'un fondé de pouvoir.

Nota. — Les procurations des commerçants français doivent être visées par le Consul turc du lieu.

Les signatures doivent être légalisées par le président du Tribunal civil français du domicile du mandant.

Prix du visa consulaire, 10 francs.

Les jugements par défaut ne peuvent être exécutés avant quinzaine de la signification, à moins que le Tribunal n'en ait ordonné l'exécution provisoire.

Le délai pour faire opposition est de 15 jours à dater de la signification pour le défaut faute de conclure; si le défaut a été rendu faute de comparaître, l'opposition sera recevable jusqu'à l'exécution du jugement.

Il peut être fait *appel* des décisions des Tribunaux de commerce mixtes.

Le délai pour interjeter appel est de 120 jours pour les habitants de la Turquie d'Europe, d'Asie et d'Afrique; les provinces du Hedjaz, de l'Irac, de l'Arabie et du Soudan exceptées.

Pour les habitants de ces provinces-ci, de tous les pays d'Europe et des pays étrangers voisins de la Turquie, le délai est de 180 jours.

Nul n'est admis à *former appel* s'il n'a fourni *caution solvable* pour garantir, s'il est débouté : 1° l'exécution du jugement dont est appel, 2° le paiement des frais de déplacement et tous autres dépens de la partie, 3° les dommages-intérêts pouvant lui être alloués.

Les hommes d'affaires en Turquie

Frais de la procédure

En Turquie il n'existe ni avoués, ni huissiers. Ces officiers ministériels sont remplacés à tous égards par les *avocats*.

Il est difficile de fixer d'une façon certaine les prétentions des avocats au point de vue des honoraires et vacations.

Le taux des honoraires doit être fixe *au préalable* entre avocats et clients ; il peut avoir pour base les complications que peut présenter l'affaire ; plus souvent il se règle proportionnellement à la valeur de l'objet du litige ; mais dans ce cas la proportion ne peut jamais excéder 20 pour cent.

Les étrangers devront aussi s'entendre à l'avance avec les avocats pour les frais d'*actes de la procédure*. Ces frais ne sont pas taxés.

Pour ce qui est des droits de greffe :

1° Le droit d'enregistrement est d'un quart de médjidieh argent soit 1 fr. 10.

2° Le droit de signification est demi-médjidieh soit 2 fr. 20.

3° Le droit de mise au rôle est de 2 °/₀ de la valeur de l'objet de la demande ; on en perçoit le quart lors de la mise au rôle et le restant avant de lever le jugement.

4° Le droit d'expédition des jugements est de 30 piastres (la piastre est de 22 centimes.)

Nota. — Dans certaines parties de l'empire Ottoman il n'existe pas d'avocats. La représentation par fondés de pouvoirs devant les Tribunaux est consacrée par la pratique.

Exécutions des jugements

Il est établi pour chaque Tribunal de Première Instance, un bureau dit « *Bureau exécutif* » chargé de poursuivre l'exécution des jugements à l'aide des mêmes voies que celles établies en droit Français.

Ce bureau est saisi par la partie étrangère au moyen d'une requête adressée au *Président du Trirunal mixte* par l'entremise du Consulat.

TURQUIE

Constantinople

Avocats : MM. Bardawi (A.), à Constantinople ; à Paris : 16, rue Victor Massé. — Bonnet (César), Péra, passage du Tunnel. — Caro (Edmond). — Dahdah (S.), Salonique han Galata. — Daleggio (Jean-Et.). — Maliacas (E.). —· Karavokyro.

Andrinople

Avocats : MM. Alevropoulos (Alex.). — Hatchik (Covian). — Hovian (Effendi). — Zampa (E.).

Salonique

Avocats : MM. Farragi (V.). — Narr (Joseph). — Salem (E).

Beyrouth (Syrie)

Avocats : MM. **Faïk G. Gargour,** (collaborateur du présent ouvrage pour la Turquie). . — Selim Achou. ·

LISTE

des villes d'Europe où siègent des Ambassades, des Légations, des Consulats généraux, des Consulats ou des Vice-consulats de France.

Allemagne. — Berlin (ambassade). — Breslau (consulat). — Brême (consulat). — Dusseldorf (consulat). — Francfort et Darmstadt (consulat). — Hambourg (consulat général). — Leipzig (consulat général). — Manheim (consulat). — Stuttgart (consulat).

Autriche-Hongrie. — Vienne (ambassade). — Budapest (consulat général). — Fiume (consulat). — Trieste (consulat général). — Raguse (vice-consulat).

Bavière. — Munich (légation). — Nuremberg (consulat).

Belgique. — Bruxelles (légation). — Liège (vice-consulat). — Anvers (consulat général). — Charleroi (vice-consulat). — Mons (vice-consulat). — Ostende (vice-consulat).

Danemark. — Copenhague (légation).

Espagne. — Madrid (ambassade). — Barcelone (consulat général). — Sarragosse (vice-consulat). — Bilbao (consulat général). — Cadix (consulat). — Séville (vice-consulat). — Carthagène (consulat). — Alicante (vice-consulat). — La Corogne (vice-consulat). — St-Sébastien (consulat). — Valence (consulat).

Grande-Bretagne. — Londres (ambassade). — Douvres (vice-consulat). — Jersey (vice-consulat). — Southampton (vice-consulat). — Cardiff (consulat). — Falmouth (vice-consulat). — Swansea (vice-consulat). — Newport (vice-consulat). — Dublin (consulat). — Belfast (vice-consulat). — Glasgow (consulat). — Liverpool (consulat). — Manchester (vice-consulat). — Newcastle (consulat).

Grèce. — Athènes (légation). — Corfou (consulat). — Le Pirée (consulat). — Larisse et Volo (vice-consulat). — Patras (vice-consulat). — Syra (consulat).

Italie. — Rome (ambassade). — Cagliari (consulat). — Sassari (vice-consulat). — Florence (consulat). — Gênes (consulat général). — Savone (vice-consulat). — La Spezzia (vice-consulat). — Vintimille et San Remo (vice-consulat). — Livourne (consulat). — Messine (consulat). — Milan (consulat). — Naples (consulat général). — Bari (vice-consulat). — Palerme (consulat). — Turin (consulat). — Coni (vice-consulat). — Venise (consulat).

Pays-Bas. — La Haye (légation). — Amsterdam (consulat général). — Rotterdam (consulat).

Portugal. — Lisbonne (légation). — Lourenço-Marquez (vice-consulat). — Porto (consulat).

Roumanie. — Bucarest (légation). — Galatz (consulat). — Courtantza (vice-consulat). — Jassy (vice-consulat).

Russie. — St-Pétersbourg (ambassade). — Helsingfors (consulat). — Moscou (consulat général). — Odessa (consulat). — Riga (consulat). — Tiflis (consulat) — Bakou (vice-consulat). — Varsovie (consulat général).

Serbie. — Belgrade (légation).

Suède et Norvège. — Stockholm (légation). — Christiania (consulat général).

Suisse. — Berne (ambassade). — Bâle (consulat général). — Genève (consulat général). — Zurich (consulat général).

Turquie. — Constantinople (ambassade). — Andrinople (vice-consulat). — Angora (vice-consulat). — Brousse (vice-consulat). — Dardanelles (vice-consulat). — Bosna-Seraï (consulat). — La Canée (consulat). — Philippopolis (consulat). Bourgas (vice-consulat). — Salonique (consulat). — Janina (vice-consulat). — Monastir (vice-consulat). — Scutari d'Albanie (consulat).

Bulgarie. — Sofia (consulat général). — Roustchouk (vice-consulat). — Varna (vice-consulat).

LISTE DES CONSULATS ÉTRANGERS

A PARIS

Allemagne. — Rue de Lille, 78.
Angleterre. — Rue du Faubourg St-Honoré, 39.
Autriche-Hongrie. — Rue Laffitte, 21.
Belgique. — Rue du Colisée, 38.
Danemark. — Rue d'Hauteville, 53.
Espagne. — Rue Bizet, 6.
Grèce. — Rue de Debrousses, 3.
Italie. — Rue de Grenelle, 73, à l'ambassade.
Pays-Bas. — Rue de Lubeck, 29.
Portugal. — Avenue du Roule, 33.
Roumanie. — Avenue Marceau, 50.
Russie. — Rue de Grenelle, 79.
Serbie. — Avenue de Wagram, 127.
Suède et Norvège. — Rue d'Athènes, 14.
Turquie. — Rue de la Chaussée-d'Antin, 66.

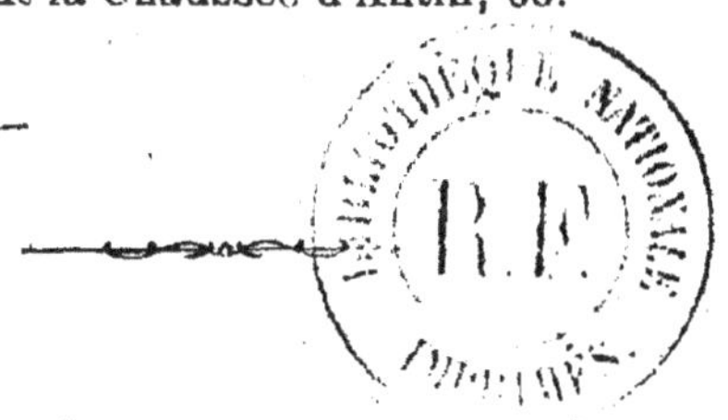

TABLE DES MATIÈRES

Pau, Imprimerie Vignancour. — H. Maurin, imp..